はじめての特別支援学級 学級経営12か月の仕事術

宮﨑 英憲 監修／山中 ともえ・川崎 勝久・喜多 好一 編著

明治図書

シリーズ 監修のことば

　特別支援教育の対象とされる子どもは，年々増え続けており，平成27年のデータでは約36万人の子どもが学んでいる。特別支援学校約7万人，特別支援学級約20万人，通常の学級で通級による指導を受けている子ども約9万人である（平成27年5月1日現在）。これは，従来の障害種に加え発達障害の可能性のある子どもの教育支援の割合が増加していることにも由来している。また，種々の事情により，学習上の様々な課題を有し支援を要する子どもの数は，相当数に上ると推測されている。

　特別支援教育の対象とされる子どもは，様々のところで教育を受けているが，子どもたちが快適な学校生活を送っているとは限らない。特別支援学校・特別支援学級・通級による指導等それぞれの場所で，子どもたちの教育課題に合った適切な教育をしなければ，「特別支援教育を受けてよかった」ということにはならない。特別支援教育を受けてよかったと子どもたちが感じるのは，素晴らしい教師，配慮された施設・設備，そして友達との豊かな学校生活を送ることができた時である。与えられた条件の中で，学級の子どもたちに，それぞれの居心地をよくして学校生活を豊かにしてあげることが学級経営である。

　学級経営の内容を便宜的に整理すると，学級事務，子ども理解と仲間づくり，環境づくり，健康と安全，学習指導（個に応じた指導），教育評価，保護者・関係機関との連携，などに加えて，近年では，交流及び共同学習，キャリア教育・進路指導などに分けられる。これらの内容は，年間を通じて見通しを持ちながら実施していく必要がある。また，学級経営の成否は，子どもとの関わりも持つ新学期当初一週間が鍵となっていることに気付かされる。

　そこで，私たちは，特別支援学校・特別支援学級・通級による指導等の担任教師全ての方々が学級経営をするに当たって，すぐに役立つものをと考えて本書の企画・編集をした。企画の段階では，校種の教育の特徴等を生かすことに留意して，特別支援学校編と特別支援学級編を分けて編集することとした。いずれも3章構成で，1章 学級経営のポイント，2章 新学期の準備と最初の一週間，3章 12ヶ月の学級経営 となっている。特別支援学校編は，東京都立鹿本学園総括校長 田村康二朗先生，東京都教育庁指導部主任指導主事 緒方直彦先生に担当いただいた。特別支援学級編は，調布市立飛田給小学校長 山中ともえ先生，新宿区立東戸山小学校長 川崎勝久先生，江東区立有明小学校長 喜多好一先生に担当いただいた。ご協力に深謝する。

　執筆に当たっては，全国各地の特別支援教育で実績のある先生方のご協力を得た。執筆された先生方に心からお礼を申し上げる次第である。

平成29年3月

　　　　　　　　　　　　　　　　　　　　　　　　　　　　　監修者　宮﨑　英憲

目 次

シリーズ 監修のことば　3

1章　特別支援学級の学級経営のポイント　9

2章　必ず成功する！新学期の準備と最初の1週間

1　新学期の準備
　　担任する子どもの引き継ぎと実態把握　14
　　始業式前日までの担任実務チェックリスト　15
　　作成する書類　16
　　教室環境の整備　17

2　はじめが肝心・最初の1週間の過ごし方
　　1日目―始業式の指導　18
　　2日目―出会いの演出　20
　　3日目―生活の流れづくり　22
　　4日目―交流学級での指導　24
　　5日目―学習指導と保護者連携　26

3章　必ず成功する！〈特別支援学級〉12か月の学級経営

4月
概説　30
学級事務――TT，介助員等の連携／児童・生徒の引き継ぎ　32
子ども理解と仲間づくり――朝の会，帰りの会の仕方／係活動，当番活動の仕方　34
環境づくり――学級園の準備／教室内の飼育　36
健康と安全――日々の健康状況の把握／安全指導の年間計画の作成　38
学習指導――授業づくりの基本／教材教具の準備　40
交流及び共同学習――委員会・クラブ活動への参加／給食交流　42
評価――指導要録の作成／学級経営案の作成　44
保護者・関係機関との連携――基本的な保護者連携の仕方／学級だよりの作成　46

5月

概説 48

学級事務──実態調査の報告／就学奨励費の確認　50

子ども理解と仲間づくり──学級集団づくり／誕生日会の持ち方　52

環境づくり──春の掲示／春の草花・野菜の栽培　54

健康と安全──交通安全指導／学校でのけがの防止　56

学習指導──学習指導案の書き方／国語の指導　58

交流及び共同学習──交流及び共同学習の計画／特別支援学級の紹介　60

評価──個別の指導計画の作成／通知表の検討　62

保護者・関係機関との連携──保護者会の運営／関係諸機関との連携　64

6月

概説 66

学級事務──教科用図書の選定　68

子ども理解と仲間づくり──宿泊学習に向けた集団行動／遊びの指導　69

環境づくり──梅雨時の掲示／図工等の作品の掲示　71

健康と安全──雨天時の過ごし方／水泳学習への準備　73

学習指導──算数・数学の指導／水泳学習　75

交流及び共同学習──運動会への参加／宿泊学習の計画　77

評価──個別の教育支援計画の作成　79

保護者・関係機関との連携──授業参観の持ち方／個人面談　80

7月・8月

概説 82

学級事務──会計報告の作成／夏休み関係の事務　84

子ども理解と仲間づくり──夏の生活単元学習を通した仲間づくり／夏休み前の生活指導　86

環境づくり──初夏の掲示／夏休み中の生き物の飼育　88

健康と安全──気温と衣服の調整／夏休み中の健康安全指導　90

学習指導──道徳の指導／生活単元学習の指導　92

交流及び共同学習──交流学級とのふれあい／夏休み地域行事への参加　94

評価──個別の指導計画の見直し／通知表の記入　96

保護者・関係機関との連携──進路相談／夏休み中の課題の設定　98

9月
- **概説** 100
- **学級事務**——転出入の手続き 102
- **子ども理解と仲間づくり**——夏休み中の生活の把握／基本的な生活習慣の指導 103
- **環境づくり**——夏休みの作品展／秋の虫の飼育 105
- **健康と安全**——「早寝，早起き，朝ご飯」／安全な外遊び／安全学習 107
- **学習指導**——自立活動の指導／宿題の出し方 110
- **交流及び共同学習**——教科による交流及び共同学習／関わりのある授業づくり 112
- **保護者・関係機関との連携**——夏休み明けの保護者連携／引き渡し訓練 114

10月
- **概説** 116
- **学級事務**——学校公開の準備 118
- **子ども理解と仲間づくり**——秋の生活単元学習を通した仲間づくり 119
- **環境づくり**——秋の掲示／野菜の収穫・調理 120
- **健康と安全**——食生活リズム／不審者対応訓練 122
- **学習指導**——体育の指導／外国語活動（小学校）の指導 124
- **交流及び共同学習**——交流活動が困難な子どもへの指導 126
- **保護者・関係機関との連携**——学校公開 127

11月
- **概説** 128
- **学級事務**——就学に関わる事務 130
- **子ども理解と仲間づくり**——学習発表会を通した仲間づくり 131
- **健康と安全**——金銭の扱い方 132
- **学習指導**——図画工作・美術の指導／作業学習の指導 133
- **交流及び共同学習**——学習発表会での交流 135
- **評価**——学校評価，特別支援学級の評価 136
- **保護者・関係機関との連携**——学習発表会の参観 137

12月
- **概説** 138
- **子ども理解と仲間づくり**——冬休みの生活指導 140
- **環境づくり**——年末の掲示 141
- **健康と安全**——冬休みの健康指導／大掃除 142
- **学習指導**——音楽の指導／3学期の指導計画の作成 144
- **交流及び共同学習**——特別支援学級連合行事への参加 146
- **評価**——個別の指導計画の見直し／通知表の記入 147

保護者・関係機関との連携──保護者会の開催　149

1月
　　　概説　150
　　　学級事務──次年度教育課程の編成　152
　　　子ども理解と仲間づくり──冬の生活単元学習を通した仲間づくり／新年のめあて　153
　　　環境づくり──書き初め展／冬の学級園／新年の掲示　155
　　　健康と安全──規則正しい生活　158
　　　学習指導──文集づくり／持久走の指導　159
　　　交流及び共同学習──休み時間の交流　161
　　　評価──個別の指導計画の作成・活用　162
　　　保護者・関係機関との連携──特別支援学校の見学　163

2月
　　　概説　164
　　　学級事務──卒業関連事務　166
　　　子ども理解と仲間づくり──お別れ遠足　167
　　　環境づくり──冬の掲示　168
　　　健康と安全──インフルエンザや風邪の予防　169
　　　学習指導──総合的な学習の時間の指導／特別活動の指導　170
　　　交流及び共同学習──交流学習のまとめ　172
　　　保護者・関係機関との連携──個人面談　173

3月
　　　概説　174
　　　学級事務──次年度引き継ぎ資料の作成／教育課程届け　176
　　　子ども理解と仲間づくり──進級を祝う会　178
　　　環境づくり──卒業生を祝う掲示／春の草花の準備　179
　　　健康と安全──春休みの生活指導／食物アレルギー計画の作成　181
　　　学習指導──次年度指導計画の作成　183
　　　交流及び共同学習──卒業式への参加　184
　　　評価──通知表の記入／個別の指導計画の見直し／指導要録の記入　185
　　　保護者・関係機関との連携──卒業生を送る会／関係諸機関との連携　188

1章 特別支援学級の学級経営のポイント

　小・中学校に設置されている特別支援学級では，近年，障害の状態に応じたきめ細かい指導が期待され，知的障害や自閉症・情緒障害のある児童生徒数が増加している。特別支援学級は少人数で編制された学級であり，一人一人の教育的ニーズに応じた指導や支援を行いやすい場である。また，特別支援学級で指導を受ける子どもは，自分の生活圏である身近な地域の学校に通うことから地域の仲間と生活を共にし，学校の中で日常的に交流及び共同学習を行うことができる。特別支援学級は，多様な学びの場の一つとして，さらに専門性の高い，充実した指導が行われるよう教育課程の編成や指導方法の工夫に努めたい。

 特別な教育課程の編成

　特別支援学級の教育課程は，小・中学校の学習指導要領に基づいて編成することが基本であるが，子どもの障害の状態や程度を考慮の上，特に必要がある場合には，特別の教育課程を編成することが可能である。障害のある子どもの教育の目的を達成させるためには，小学校や中学校の通常の学級と同じ教育課程ではなく，次のような特別支援学校小学部・中学部学習指導要領を参考にして，実情に合った教育課程を編成することが重要である。

・各教科の内容を，下学年の内容や特別支援学校（知的障害）の各教科の内容に替える。
・各教科・領域等の授業時数は，弾力的に取り扱うことができ，領域・教科を合わせた指導を行うことが可能である。
・特別に設けられた領域「自立活動」の指導を取り入れる。
・当該学年の教科書に替えて，他の適切な教科用図書を使用することができる。

(1)特別支援学校（知的障害）の各教科の内容に変更する場合

　特別支援学校（知的障害）小学部の各教科は，生活，国語，算数，音楽，図画工作，体育の6教科で構成され，それぞれの内容は，学年別に示されず，小学部では3段階で示されている。中学部の各教科は，国語，社会，数学，理科，音楽，美術，保健体育，職業・家庭の8教科に，学校の判断により外国語を加えることができ，各教科の内容は学年別ではなく，1段階で示さ

れている。

(2)各教科等を合わせて指導を行う場合（知的障害者である子どもの場合）

　知的障害者である子どもに対する教育を行う特別支援学校では，各教科，道徳，特別活動及び自立活動を合わせて指導を行うことができるため，以下のように実践されている。

　　①日常生活の指導　　②遊びの指導　　③生活単元学習　　④作業学習

　特別支援学級（知的障害）においても，子どもの状態に即した指導を効果的に進めるため，生活単元学習や日常生活の指導，特に，それらに加え，中学校では作業学習等の内容が時間を特設して行われている。

　<u>日常生活の指導</u>は，日常生活の諸活動を適切に指導するもので，基本的生活習慣の内容や，あいさつ，言葉づかい，礼儀作法，時間を守ること，きまりを守ることなどの日常生活や社会生活において必要で基本的な内容である。

　<u>生活単元学習</u>では，自立的な生活に必要な事柄を学習するもので，学習活動は生活上の目標を解決したり課題を解決したりする計画を立てることが大切であり，生活体験や経験を増やすように，季節や学校行事等を意識した取組がなされている。

　<u>作業学習</u>では，作業活動を行いながら，働く意欲を培い，将来の職業生活や社会自立に必要な事柄を学習するもので，技術・家庭科や美術科などの内容を取り入れながら，進路指導と関連付け，園芸栽培や紙工芸，木工芸，調理などの作業活動がなされている。

(3)自立活動

　<u>自立活動</u>は，小・中学校の学習指導要領には示されていないものであり，障害による学習上または生活上の困難を主体的に改善・克服するための指導として，特別支援学校の学習指導要領においては特別に設けられた指導領域である。障害のある子どもたちの教育においては，重要な位置を占めていると言えるので，内容をよく理解した上で取り入れていきたい。自立活動の内容は，代表的なものを項目として，以下のように六つの区分に分類されている。

　　①健康の保持　　②心理的な安定　　③人間関係の形成
　　④環境の把握　　⑤身体の動き　　⑥コミュニケーション

　この自立活動については，時間割の中に「自立活動の時間」として設定して指導する場合と，各教科等の時間を通じて指導する場合とある。

障害の状態を把握した個別の指導計画の作成

(1)障害の状態等や本人・保護者の希望を適切に把握する

　医学面，諸検査，学習の状況，集団適応の状況，生活面での状況等様々な情報を適切に把握

し，そこから指導方針を定めていく。面談や行動観察，それまでの生育環境等も考慮する。特に，面談では，本人・保護者と教師が共に個別の指導計画を作成していくために，本人や保護者の願いや希望をよく聞き，指導目標や指導内容を設定していく。

(2) 特別支援学級の年間指導計画を基にして個別の指導計画を作成する

特別支援学級の年間指導計画や各教科の全体計画は，子どもたちの状態が多様であることから，概括的なものであることが多い。したがって，それらの計画を個別に具体化したものが個別の指導計画となる。子どもの興味・関心や生活経験等を十分に考慮した上で，各教科別に単元の配列や単元の目標等を設定し，学期ごとに作成している例が多い。

(3) 指導についての評価を授業改善に生かす

個別の指導計画を作成した後は，その計画に従って指導していく。計画して指導したことについては具体的に評価する。特別支援学級の学習評価と個別の指導計画の評価を連動させている例も多い。評価については，本人・保護者にとっては成長の過程が理解しやすいものであるとともに，教師にとっては指導を顧みて授業改善につなげていくものでありたい。

多様な学習集団の在り方を工夫した授業

特別支援学級に在籍する子どもたちの障害の状態は多様であり，子どもたちの生活年齢にも幅がある。Point 1 にあるような教育課程を工夫していくためには，教育活動の目的に合わせて学習集団の編成を変えたり，交流及び共同学習でより大きな学習集団を経験させたりするなど，次のような視点で，柔軟に学習集団の在り方を工夫したい。

①障害の程度や特性に応じた学習集団……障害の程度が様々な場合や，複数の障害に応じた配慮が必要な場合など，それぞれの特性を考慮した学習集団を編成する。

②授業の目的に応じた学習集団……………国語や算数・数学等，子どもたちの習熟度の状況の差が大きい場合，学習課題別の学習集団を編成する。

③生活年齢を考慮した学習集団……………生活年齢にも幅があるため，活動によっては年齢や学年を考慮した学習集団を編成する。

④個別指導を中心とした学習活動…………自閉症・情緒障害等がある場合や，障害の状態が重度な場合等，活動によっては個別指導を行う。

⑤交流及び共同学習を考慮した学習活動…通常の学級との交流及び共同学習を行うことでより大きな学習集団を経験する。

Point 4 　日常的な交流及び共同学習

　小・中学校に設置されている特別支援学級のメリットは，日常的に交流及び共同学習を行えることである。学校は，障害のある子どもと障害のない子どもが同じ社会に生きる人間として，お互いを理解し，共に助け合って生きていくことの大切さを学ぶ場となる。

(1) 学校全体で計画的に実施する交流及び共同学習

　交流及び共同学習が，特別支援学級からの一方的なアプローチであったり，通常の学級で目標がはっきりせずただ参加するだけになったりしないよう，双方の教育的ニーズを明確にして校内の協力体制を構築する。学校全体で組織的・計画的かつ継続的に効果的な活動がなされるよう，全体計画や年間計画を作成し，必要に応じて担当者同士の連携が行われるようにしたい。

(2) 一人一人の状態に応じた交流及び共同学習

　特別支援学級の子どもたちは，障害の状態等が多様であることから，交流及び共同学習の形態や内容，時間等については，一人一人の状態に応じ，柔軟に対応したい。特定の教科の授業，行事，給食や特別活動等の様々な場面における交流及び共同学習が考えられる。

(3) 周囲の子どもたちや保護者，地域の障害に対する理解の推進

　交流及び共同学習を効果的に実践するためには，通常の学級の子どもたち，保護者，地域の人々の障害に対する理解は欠かせない。教育活動全体の中で理解を深める活動を行ったり，道徳や総合的な学習の時間，特別活動の中で考える機会をもったりする。また，特別支援学級の子どもたちも地域行事に参加するなどして地域の一員である実感をもたせたい。

(山中ともえ)

2章

必ず成功する！新学期の準備と最初の1週間

1 新学期の準備

担任する子どもの引き継ぎと実態把握
始業式前日までの担任実務チェックリスト
作成する書類
教室環境の整備

2 はじめが肝心・最初の1週間の過ごし方

1日目―始業式の指導
2日目―出会いの演出
3日目―生活の流れづくり
4日目―交流学級での指導
5日目―学習指導と保護者連携

1 新学期の準備

担任する子どもの引き継ぎと実態把握

- 放課後や休日はデイサービスを利用
- 2年生の漢字を学習中
- 忘れ物が多く家庭との連携が必要
- 野菜が苦手
- 電車が大好き
- 抗てんかん薬服用中

　環境の変化への対応が苦手な子どもも多いため，引き継ぎは書面と口頭でしっかりと行う。
　引き継ぐ内容が多岐にわたるので，個別の教育支援計画・個別の指導計画を元に，次の項目について確認するとよい。

①生育歴
②医療機関等の利用，服薬の有無
③身辺処理の程度
④食生活の様子（アレルギーや偏食の有無等）
⑤家庭環境
⑥登下校の仕方（付添の有無や放課後の施設の利用等）
⑦学習進度
⑧本人の特性（興味関心の有無，人間関係，コミュニケーション，パニック時の対応等）

　担任が変わったことによって混乱を招くことがないよう，前年度までの学級の様子や指導形態等についても確認しておく。また，保護者と早い段階で面談をし，意思疎通を図ることも大切である。

（齋藤陽子）

始業式前日までの担任実務チェックリスト

新年度チェックリスト

	特別支援学級			
①	学級引き継ぎ		②	担任役割分担
③	学級名簿作成		④	教室環境整備：机＆イス
⑤	教室環境整備：ロッカー		⑥	教室環境整備：荷物ボックス
⑦	教室環境整備：荷物フック（廊下）		⑧	教室環境整備：下駄箱
⑨	教室環境整備：入学・進級祝い用の教室掲示		⑩	学級だより作成
⑪	配布物の準備		⑫	教科書の確認
⑬	補助教材の選定		⑭	交流計画作成
⑮	週案作成		⑯	教育委員会提出書類作成
	交流学級			
⑰	担任と打ち合わせ（座席，並び順，交流内容，時間割など）		⑱	学級名簿確認 →名前が入っているか
⑲	教室整備（机・イス・ロッカー・荷物フック・下駄箱）→準備してあるか		⑳	配布物の確認 →学年で特別に配るものがあるか
㉑	補助教材の購入 →学年で購入するものがあるか			

新年度を迎えるに当たって，次の手順で準備を進めるとよい。

①学年会の実施→引き継ぎ，始業式・入学式の手順の確認，新年度の学習計画，事務分担等

②教室環境の整備→座席・ロッカー・下駄箱等の設置，入学用の飾り付け

③学級名簿の作成→交流学級用名簿に名前が入っているか，必ず確認する

④学級だよりの作成

⑤教科書の配布準備→個々によって使う教科書が異なるため，必ず書類と照らし合わせる

⑥提出書類の作成→学級編制調査や教科書給与名簿等

②から④に関しては，特別支援学級だけでなく交流学級用に準備が必要となるので，交流学級担任とも事前に確認する。年度の初めはやることが多く，数日で準備しなければならないので，担任間で分担を決め，計画的に進めるようにする。

新1年生に関しては，さらに細かな入学準備が必要となる。どのような形で入学式を迎えるかについては，事前に保護者と確認しておく。必要があれば，前日に保護者と本人に学校に来てもらう。会場の下見をし，当日の流れを確認しておくと，見通しがもて，不安の軽減につながる。

(齋藤陽子)

作成する書類

提出書類例

〈新年度作成書類〉
① 特別支援学級新設・異動等理由書
② 特別支援学級在籍児童・生徒の状況調査
③ 教室配置図
④ 小・中学校及び義務教育学校特別支援学級における教育課程編成の特例に関わる書類
⑤ 教育措置報告書
⑥ 年間指導計画
⑦ 教科書給与名簿　等

④教育課程編成の特例に関わる書類
・学級種ごとに作成する。
・特別支援学級の区分、学級編制、指導の形態別授業時数、週時間割などを記入する。

　特別支援学級に在籍する子どもについては、年度当初に多くの書類を作成し、教育委員会に提出する。前年度の終わりに書類提出についての依頼文が送られてくるので、春季休業中に作成を進めておくと、4月に入って混乱が少ない。提出日時が指定されていたり、提出期間が短かったりするものがあるので、間に合うように計画的に作成を行うようにする。

　書類は、学級種別に作成するもの、通常の学級と併せて作成するもの等、多岐にわたっている。作成する書類には、保護者への確認が必要な項目もあるので、前年度中に確認しておくと、作成がスムーズに進む。また、学級編制に関わる書類については、管理職が作成する場合もあるので、誰が作成するのかということも、事前に確認しておくとよい。これらの書類については、手引き等を見ながら、間違いのないように作成する。

　そして、作成した書類は、提出前に必ず管理職から確認等を受け、コピーを取りファイリングして保管しておく。書類によって保存年数が変わるので、その点も注意する。

（齋藤陽子）

教室環境の整備

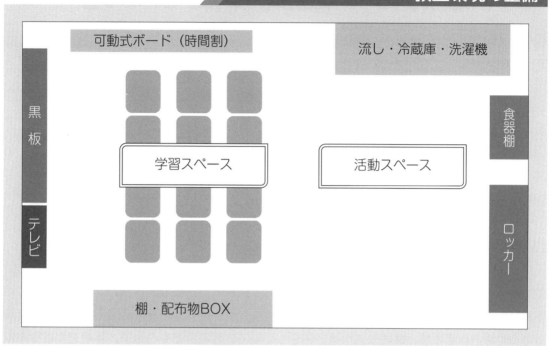

　子どもが集中し，落ち着いて学習に取り組むために，教室環境を整備することはとても大切である。また，その際，安全面を配慮した動線の確保も留意したい。

　新年度，子どもが登校してきた時に混乱しないよう，座席やロッカー，荷物フック，配布物を入れる個別カゴ等に，名札を貼っておく。シール付きの名札を活用する。いろいろな大きさの名札を作っておくと便利である。

　座席は，指示の理解度や注意・集中の力，子ども同士の相性等を考え配置する。また，一斉学習の場と個別学習の場を分けたり，パーテーションで場を区切ったりする等の工夫も必要である。場によって活動が変わるということを，子ども自身が判断できるように工夫する。

　特別支援学級では，個別の時間割や学習内容を子どもたちにわかりやすく提示することも大切である。どこで何の授業を受けるのか一目でわかるように可動式ボードを用意する。絵カードや写真カードを活用した手順表を掲示すると，子どもが主体的に行動することができる。

　交流学級の環境整備も忘れてはならない。他の子どもと同じように座席やロッカーの準備をする。座席は，大勢の中でも集中できる位置で，かつ近くにモデルとなる子どもを配置してもらうようにする。

(齋藤陽子)

2 はじめが肝心・ 最初の1週間の過ごし方

1日目 始業式の指導

　新学期のスタートの日。進級してくる子どもたちは，どの子も心を躍らせ，進級する学年，新たな学級への期待と不安を胸に登校をしてくる。特別支援学級（以下学級）の子どもたちも同様であるが，子どもによっては新たな環境に見通しがもてず不安を訴える子もでてくる。1日目は，どの子にも安心感を味わわせるとともに，「明日からの○○学級（特別支援学級の名称）での生活が楽しみ」と思えるような手立てを工夫していくことが最も重要である。

　そのために，以下，登校から始業式さらには入学式まで，指導のポイントをまとめる。

■■ 登校から始業式前までのポイント

　多くの小学校では，登校してきた子どもを新たな学年，学級ごとに分けて集合させた後，始業式が行われる校庭あるいは体育館に整列させる。担任は，子どもが戸惑いなくスムーズに始業式に参加できるようにするため，玄関で子どもの登校を待ち，全員の出席を確認後，整列場所に誘導する。その際，継続して学級担任をしている教師に子どもの誘導，管理をする役を割り振っておくとよい。もしその役割を担う学級の教師が不在の場合は，事前に校内でサポートできる教師に依頼しておきたい。

■■ 始業式でのポイント

　始業式では担任発表が行われるが，新たに学級担任として着任した場合は，学級の子どもも含め，全校の子どもたちに対して，印象に残る返事，名前の紹介等を交えた挨拶を心がけたい。また，全校への紹介後に，子どもたちの列の前に立つことになるが，ぜひ最初が肝心，子どもたちから注がれる期待のこもった熱い視線に，笑顔で応えることも大事にしてほしい。

　また，担任紹介を聞いている特別支援学級の子どもの側に教師がついて，新たに自分たちの担任になる教師に注目できるよう声かけもしていきたい。

■■ 始業式後の学級指導のポイント

　始業式後は，教室に入らずに学級指導をし，昇降口の下駄箱の場所，教室の場所を確認し，入学式に参加する子ども以外は下校させる。この後すぐに入学式の受付等に取りかかるため，これから指導を，10分〜15分以内には全てを終わらせなければならない。

　そのような中，特に学級指導は，担任と子どもとの最初の出会いの時であることからも大事な時間として扱いたい。次のような手立てが考えられる。

○新担任の自己紹介では，名前を覚えてもらうために，自分の名前を書いた短冊を示す。
　名前のひらがなや漢字を印象付ける。

○子どもたちの興味・関心を引くために，子どもたちの好きな物をリサーチしておいて，自己紹介の際に活用する。
○互いに「よろしくお願いします」と挨拶を交わす際，握手をする。
○担任として，これからの1年間で，子どもたちとともにどのような学級を作っていきたいか，どのような子に育ってほしいかを端的に伝える。長々と話をしても集中力が続かないため，短いキーワードあるいは行動目標として伝える等，工夫するとよい。
　例えば，困った友達に手を差し伸べられる学級にしたければ，「だいじょうぶ」の言葉を強調しながら，大丈夫と言える子になってほしいと伝える。

　学級の子どもの障害特性から，新たな行動を身に付けたり，忘れてしまった行動を思い出させたりするためには，実際に行動してみたり，何度も繰り返したりすることが有効である。校内事情が許せば，始業式後の学級指導等は，校庭ではなく教室で行う方が指導の効果が上がる。昇降口の下駄箱のどこに自分の靴を入れるのか，上履きを履き替えた後の教室までの移動はどこを歩くのか，教室はどこなのか等，明日から過ごす教室まで，昇降口から入って一緒に一つ一つ確認をしながら歩く。そして静かな教室で担任と最初の出会いの時間をもちたい。

　入学式に参列をしない子どもに関しては，明日に向けた事前指導として，明日の持ち物を言葉と実物，絵カード等により確認をする。また新1年生がいる場合は，この後入学式があること，やさしく声をかけること等を事前に指導しておく。

■ 入学式でのポイント

　学級の新1年生や保護者にとっても入学式は大きな節目であり，よりよい思い出にしなければならない。しかし，初めての小学校，大きな体育館，着慣れていない服，知らない大勢の大人，静かに長時間着席すること，初めての友達，そして先生の出会い等に，障害の特性から強く不安を抱き，適応が難しいケースが多い。担任として，事前にその不安を一つ一つ解消する手立てを講じるとともに，不測の事態への対応を準備しておくことが最も重要である。

　入学式の受付の後，保護者と離れることが難しければ，一緒に教室まで付いてきてもらい，入学式での座席は，教職員側にする。必要であれば子どもの横に教師か保護者が座ること等の配慮を考えておく。可能であれば，前日までに新1年生が式場でリハーサルができる機会を設定したい。

　入学式においても始業式同様，担任発表がある。新1年生にとって初めての先生，担任であることを意識させるためにも，笑顔で子どもの前に立ってほしい。入学式後は，体育館での記念撮影まで，教室での学級指導がある。ここでのポイントは，次の三つである。
○担任の自己紹介は，新1年生が注目しやすい視覚化，演技等で紹介する。
○名前を呼ばれたら元気に返事をさせる最初の指導の機会として位置付ける。
○新1年生の保護者に対して，連携して教育に当たっていくことを誠実に伝える。　（喜多好一）

2日目　出会いの演出

　2日目は，新1年生，あるいは転入生を加えた学級の子どもたちが全員揃う最初の日である。また，担任も含め特別支援教育支援員等も揃い，実質的に学級がスタートする日でもある。
　この日の目的は，学級での1日の流れを確認するとともに，今後につながるよい出会いを演出し，学級の仲間づくりをスムーズにスタートさせることである。

■ 登校から朝の会までのポイント

　新学期のはじめの1週間程度は，子どもが登校した後，朝の会を始めるまで，子どもの動線に教師を配置し，丁寧な声かけ，確実に出来ているかどうかの確認をしたい。登校した子どもの靴の履き替え指導をする教師一人，教室内で朝の支度を指導する教師を最低でも一人，それぞれ輪番制で配置できるようにする。
　下駄箱で教師が指導する内容は，次の四つである。
　　〇教師に対して元気に挨拶をすること
　　〇立って上履きに履き替えること
　　〇外靴を自分の場所にかかとを揃えて置くこと
　　〇雨天時に傘を畳んで自分の傘立ての場所にさすこと

靴の揃え方の手本

教室内にいる教師が指導する内容は，主に次の四つがある。
　　〇教室まで寄り道をせずに歩くこと
　　〇入室したら，ランドセルを下ろして中身を机に入れ，ロッカーに片付けること
　　〇連絡帳や提出物がある場合は，わかりやすく表示した場所に置くこと
　　〇朝の会の用意をすること

　それぞれの指導内容を決定する際は，大人の支援が必要なレベルから一人で自立しているレベルまでを考えることに加え，より丁寧により確実にできるかどうかも大事にしたい。支援の一つとしてユニバーサルデザインの考え方を取り入れた場の構造化を図ると効果的である。例えば手本となる靴の揃え方，ロッカーの片付け方の絵や写真を貼り付けておくこと，朝の仕度の手順を小黒板に書いて示すこと等により，指導や指示の言葉かけが減り，容易に一人でできる子どもが増えてくる。

　配慮したいこととして，登校時刻より早く来て仕度をする子や朝の仕度の早い子が，朝の会までの隙間の時間に生活指導上の問題が発生することへの対応である。多いのは友達と遊びをしている最中でのけんかである。そのような事態を避け，朝の会には全員が心を落ち着けて臨めるようにするため，事前に自由な時間の過ごし方を学級あるいは個々に決めておく。

■ 朝の会のポイント

　最初の朝の会であるため，在籍している子どもの数にもよるが，できるだけ新1年生等の新入生を含めて全員で行うことが望ましい。また，朝の会の流れは，2年生以上の子どもにとっ

て慣れている前年度までの仕方を変えずに始める。2日目の朝の会として次のような進行が考えられる。

①全員の子どもたちが黒板に向かって、椅子に座る。
②1年生は真ん中に座らせ、両脇にお世話をする高学年等が座る。
③会の最初に一年生を一人一人紹介をする。自己紹介ができれば、子ども自身が名前を伝える、質問コーナーを設ける等もする。自己紹介が難しければ、教師が代弁等をする。
④新しい担任、特別支援教育支援員等がいる場合は、一人一人自己紹介をする。
⑤新しい友達や先生の紹介後は、在校生とこれまでの教職員が自己紹介をする。
⑥全体で「よろしくお願いします」の挨拶をした後、1日の予定を絵や写真カード等で確認をする。
⑦日課表等の書く活動は今回はなくし、新しい友達、先生とのふれあい活動を行う。

ふれあい活動のポイント

ふれあい活動では、子ども同士、子どもと教職員が一緒に楽しくスキンシップを図り、互いに慣れることに重きを置きたい。そのためにも音楽に合わせて握手をする、ハイタッチをする、手をつないで歩く、走る等ができる踊りやゲーム、簡単なリトミックなどを行うとよい。

1年生がいる場合は、理解がしやすく動きが単純な歌詞、リズムの選曲、ゲーム選びを優先する。また、ふれあい活動の場所は、最初、教室で行いながら、慣れてきたところでプレイルーム等の少し広い場所にする。体育館や校庭などの広い場所は、開放感がありすぎで、触れ合いに集中できない場合が多いので避ける。

自閉的スペクトラムの子どもの中には、感覚が過敏な子が多く、人とのふれあいを極端に嫌がることもある。その場合は、触ったり、触られたりを強要はせずに、自然な関わりを促す。

このふれあい活動は、新1年生等の人との関わり方に関する障害の特性等の実態を把握する絶好の機会にもなる。

仲間づくりのポイント

学級の仲間づくりのポイントで、最初に大切にしたいのは、互いの顔と名前を一致させることである。相手を認識し、互いに名前で呼び合う中で、よさや特徴を知る。互いをよく知ることが友達としての関係づくりの第一歩であると考える。

朝の会の後に日常生活の指導として、新しい友達や先生の名前を顔写真や名前カードを使ったクイズを取り入れたり、デジタルカメラやDVDカメラ等を使って新しい友達や先生を撮影し、実物投影機でスクリーンに写したり、電子黒板やテレビ等にランダムに写したりして「誰でしょうクイズ」大会をしたりするのも楽しく取り組める。いずれにしても、これまで在籍している子どもたちに新しい仲間の名前と顔を知ってもらう活動を創意工夫することが肝要である。これらの仲間づくり活動は、3日目以降も継続して、1日1単位時間程度設けることで定着が図れる。仲間意識をもたせることで、学級が安心して過ごせる場所になる。　　　　（喜多好一）

3日目　生活の流れづくり

　3日目からは，学級として，朝の会から帰りの会までの基本的な1日の生活の流れを作ることとして位置付けて指導する。

■ 1日の生活の流れを指導するポイント

　継続している学級であれば，3月まで行ってきている日課表を基にしながら，朝の会で1日の流れを子どもたち全員で確認する活動を行う。確認する場合は，座っている子どもの目線の高さに合うキャスター式の小さいホワイトボードに，1日のスケジュールを時間ごとに活動や内容を記して確認をすると効果的である。

　スケジュール表は，子どもの文字の読み書きや数の理解，時計の読み取りなどの実態に合わせたものを作成したい。月日や天気，時間割，活動内容等の表記は，ひらがなや漢字，ふりがなを使ったり，時計はアナログ時計，デジタル時計，○時○分などで記したりする。また文字の理解が難しい子どもが在籍している場合は，支援カードとして絵カードや写真を用意して貼り付ける。

　1日の流れが確認できたら，活動が終わるごとにスケジュール表に注目させ，何をどこで何時までにするのかを一つ一つ確認していく。その際，注意しなければならないことも付け加えながら，担任や支援員の役割を再確認しておくことは，事故やトラブルの未然防止をする上で重要である。また，新1年生等にとっては初めての活動ばかりなため，集団から外れてしまうことも考えられるので，その子どもたちへの支援を誰がするのかも確認できる。

○月○日（○）天気○日直○		
1　時　間	8:45	朝の会
2　時　間	9:30	生単
休み時間	10:20	校庭
3　時　間	11:30	体育ゲーム
4　時　間	12:20	生単
給　　食	12:40	メニュー
そうじ	13:10	教室・廊下
休み時間	13:25	校庭ボール
5　時　間	13:40	国語・読書
帰　り　会	14:20	日課帳

スケジュール表

　通常の学級での交流学習が年間を通して決められている場合は，時間割の横に交流に行く「学年組・教科・場所，名前」を別に記すことも必要である。

■ 休み時間のポイント

　休み時間は，学級内の子どもたち同士，そして通常の学級の子どもたちと一緒になって遊び，楽しい関わりがもてる時間にしていきたい。高学年等になると交流学年の子どもと進級してもすぐに遊べることもあるが，まだこの時期は交流学級も学級づくりの時期であるため避け，学級の子どもたちと遊ぶ時間とするとよい。遊ぶ場所は，校庭，体育館，雨天時の教室等が考えられるが，まずは校庭で全員が走り回れる鬼ごっこなど簡単なルールでできる遊びから始める。新1年生がいることを考え，しっぽ取り，手つなぎ鬼など，視覚的に鬼を認識しやすい工夫をしたり，友達と触れ合うような工夫を取り入れたりするのも楽しめる。新1年生には，安全管理と暑さ対策を兼ねて，黄色い帽子をかぶらせておくと支援が容易になる。

子どもたちの遊びには，担任も支援員もぜひ一緒になって楽しみたい。子どもと共に汗を流し，共に笑うことで，子どもとの関係を深めることになる。

手洗い，トイレのポイント

休み時間の5分前には声かけをして教室に戻るように促し，3時間目の授業に備えさせる。なかなか遊びがやめられない子どももいるかもしれないが，5分前行動は習慣化させたい。そのためにも，遊びながら事前の予告をしておき，自らけじめを付けて行動ができるようにする。

また，休み時間後は，手洗いと汗の始末，トイレを一人でできるようにしたい。特に1日の学校生活の中で，手洗いやトイレをする場面は，休み時間後，給食前，体育の授業後等，子どもによって差はあるが，3回以上ある。特別支援学級の子どもに，将来の自立や衛生面からも確実に身に付けさせたい基本的生活習慣であるため力を入れて指導したい。

手を洗う指導のポイントは，石けんで手をこすって洗って，ハンカチで丁寧に拭く作業である。トイレの指導のポイントは，男子の小便であればズボンを全て下ろさずに，便器を汚さないですること，そして手を洗うことである。トイレの指導は，男女別に着替えをする時間を使って指導する。手洗いの指導は，年度初めであることから，3時間目以降に授業の題材として取り上げると効果的である。1単位時間を使って日常生活の指導として行う。例えば，養護教諭の協力を得ながら，手洗いの必要性を実感させるために，手に付いたばい菌を見ることができる機器などを活用して視覚的に訴える授業を展開したり，「手洗いの歌」とともに正しい手洗いの仕方を身に付けさせたりして指導を行う。

給食のポイント

特別支援学級の子どもにとって給食指導は，通常の学級の子どもたち以上に重要である。給食着の着用，机ふき，盛り付け，配膳，バランスのよい食事，食事の仕方，食事のマナー等，指導して確実に定着を図りたいことは数多い。また，給食当番活動を自主的にできるようにすることも大事である。最初の給食指導を行うに当たって，まずは一連の流れを高学年の子どもが担任等の支援を得ながら手本を示し，時間内に給食を終えられるように配慮したい。給食指導に関しては，個々の実態に差があるため，個別指導を中心に考えていくとよい。

またあわせて大切な視点として，食事をしている際に新1年生等の食べる量，好き・嫌いな食材，食べるスピード，箸やスプーンの扱い方などの様子を観察して，事前に得た情報と照らし合わせ，指導内容の見直しを図ることも押さえておく。

清掃のポイント

清掃の時間が始まり，特別支援学級が清掃する場所が分担される。しかし，清掃初日であることから，これまで学級に在籍している子も含め，改めて清掃の仕方を一つ一つ丁寧に確認をする。特に教室内の清掃に関しては，手順を絵カード等で黒板等に示し，箒やちりとり，ぞうきんの使い方，ゴミの片付け方，机や椅子の持ち運び方等を徹底する。学級全体として十分に身に付いていない課題は，授業として取り上げて指導もしていく。

(喜多好一)

4日目　交流学級での指導

　学級の友達や先生との生活にも慣れ，少しずつ安心できるようになってきた4日目あたりから，居心地のよい学級づくりに向けた指導，交流学級での指導を充実させていく。また，体調面で疲れが出てくるため，健康観察を重視する。

■■ 安心できる教室空間づくりのポイント

　新年度を迎えた教室は子どもたちが迷いなく，安全に過ごせるよう事前に十分に考えて整えられている。しかし，掲示物は最小限に必要な物だけが貼られているだけで，暖かみに欠ける。その教室を1年間かけて，子どもたちにとって居心地のよい，安心してもっている力が存分に発揮できる教室空間にしていく必要がある。

　その最初の活動として行いたいのは，子どもの自己紹介カードづくりである。障害の特性上，友達への関心が薄い子どもたちが多いため，まずは自分をアピールする似顔絵を描いたり，好きな物，スポーツ，得意なこと，家族の紹介等を，文章や絵で一枚の紙にまとめさせたり，互いに見合う学習をする。

　さらには，その作品を写真に取ってPDFにしたり，子どもがパソコンで作り直したりしてデータ化する学習にするとよい。できあがった自己紹介の紙やデータを印刷した紙は，そのまま学級内外の壁面に掲示する（データを印刷して自己紹介カードにすれば，交流する子どもたち，校内の教職員の理解を促すツールにもなる）。

　またあわせて行いたいのは，子どもたちに月ごとの誕生日列車を作成する学習である。その列車を教室内に掲示することで，自分と同じ月に生まれた友達としての意識が増し，より一層親近感がわいてくる。

　この日以降，個々の1年間のめあて，学級目標，個別の作品，係活動や当番活動，行事ごとの活動写真等を，常時掲示するコーナーと定期的に変更していくコーナーとに分けて掲示し，子どもにとって親しみやすい壁面にしていく。

■■ 学級内に居場所をつくるポイント

　学級集団として成立させるためには，集団の一員としてそれぞれが与えられた役割を果たすことである。学級のため，みんなのために行う仕事を全うすることで，周りから必要とされる存在となる。その存在感を得るための活動として，毎日の当番活動がある。1日の学級生活の当番活動は，日直当番，掃除当番，給食当番，配布当番，黒板当番，栽培当番，生き物当番等がある。どれも友達と協力しながら，責任をもってやらなければならない仕事である。

　手立てとして，それぞれの当番の手順の指導，手順を記したカードの掲示をすること，当番活動が主に輪番制であることから，どの子が何をするのか一目でわかる掲示物を作成すること，そして実際に練習する機会をもつことなどがポイントである。特別支援学級は手厚い指導ができることから，「1人1当番」以上にし，確実に役割を果たさせたい。

当番活動を継続させるコツは，教師からの即時評価と帰りの会などでの相互評価において，できている行動を褒めることである。担任から頑張ったことを強調し，その意義や価値を周りの子に知らせることも心がけたい。

　また，当番活動の意欲を高める工夫として，大人と必ず関わる活動にすることも有効である。例えば，配布当番では，職員室に行って配布物をもってくる際，必ず職員室の先生に声をかける，紙などを事務室の主事に依頼する等，事前に学級のどの子がどのような動きをするのか，どのような声かけをしてもらいたいのかをお願いしておく。

　学級のために行う活動として係活動もあるが，係の内容，ネーミングも含め，高学年の子どもが対象になるため，後日，話し合う機会をもつ等，配慮したい。

交流学級での指導のポイント

　学校によって，交流学級での生活や学習を年度当初からスタートさせている学級，１週間程度あるいは１か月程度，準備をしてから交流を始める学級等があり，それぞれ事情が異なる。ここでは，交流及び交流学習をこの時期から始めることになっている子どもへの指導のポイントについて押さえる。

　交流学級への参加の仕方は，個々の実態によってそれぞれ違う。朝の会と帰りの会に参加する子，図工や体育，音楽に参加する子，給食や掃除に参加する子，学年行事のみ参加する子等，いろいろなケースがあるが，一番気をつけなければならないことは，新学期が始まり環境が変わったことに加え，交流する学年が進級していること，初めての交流場面があることから，子どもが過度の緊張を強いられることへの対応である。

　特別支援学級に戻ってきてストレスから疲れてしまい寝てしまったり，いらいらして友達とトラブルになったりしないよう，子どもの様子を見ながら交流への参加回数，時間，内容等を，交流する側の教師とよく連絡を取り合い，柔軟に変更していくことが必要である。

　また，交流の際は，原則特別支援学級の教師が付き添い，必要な支援や指導を行うことが望ましい。しかし，年度初めは，新１年生等への指導に人的配置が必要なため，教師の引率や指導が難しい場合もある。教師の体制も勘案した無理のない交流計画を立てることが必要である。

　交流の目的は，通常の学級の大勢の友達とともに学ぶことの喜びを味わえるようにすることである。くれぐれも交流をすることが目的にならないよう配慮したい。

健康観察のポイント

　４日目になると少しずつ緊張も解け，頑張ってきた精神的な疲れも出てくる頃である。学級の子どもたちの中には，疲れていることが言葉でうまく伝えられない子，疲れている自覚がない子などが見られる。無理をしてしまうと，一気に体調を崩してしまう。

　そのようなことにならないよう，朝の会で行う健康観察の際，保護者からの連絡帳を事前に目を通しながら，顔の表情，動きの緩慢さ，食欲のなさ，体温等，注意深く観察する。必要であれば養護教諭に相談したり，保護者に連絡を取ったりして，休養させる。

(喜多好一)

5日目　学習指導と保護者連携

　5日目からは，少しずつ時間割に沿いながら，グループごとの学習をスタートさせることになる。また，子どもの様子も少しずつ把握できてきたところで，保護者との連携も充実させていきたい。

■ 学習規律のポイント

　学習指導として，2日目以降，生活単元学習や体育，図工，音楽などで行ってきているが，おおむね臨時的で変則的な授業である。時間割に沿いながら授業する上で，子どもたちに定着を図りたいのは学習規律の徹底である。

　特別支援学級の子どもにとって学習規律は，通常の学級の子ども以上に時間をかけて身に付けさせたいきまりである。ぜひ，年度当初の授業開始時に取り上げて丁寧に指導したい。

　学習規律として取り上げるきまりは，学校によって違いはあるが，以下押さえておきたい指導内容に絞ってポイントを記す。

○授業の始まりの時間を守り，席に着く。
○授業の始めと終わりに挨拶をする。
○背筋を伸ばした姿勢で座る。
○声の大きさを考え，丁寧な言葉づかいで話す。
○話している人を見て，最後まで静かに話を聴く。
○名前を呼ばれたら「はい！」と返事をする。

学習規律の例

　この全てをまず，1単位時間かけて，手本を示しながらやって見せて確認をする。特に，最初に重視したい項目，身に付きやすい「挨拶」と「返事」である。

　授業前に椅子を入れて立ち，日直の号令「これから〇時間目の授業を始めます。」「礼」「よろしくお願いします。」に合わせて，全員に挨拶をさせる。また，担任が「〇〇さん」と呼名したら，素早く手を上げて元気に「はい！」と返事をさせる。動作や言葉としては単純で覚えやすい。しかし，全員あるいはグループで揃えるとなると練習が必要となる。

　学習内容に関しては，2年生以上は個別の指導計画を踏まえた目標を達成するための教材を用意して，集団での学習や個別学習をしていく。新入生の学習内容は，まだ学力の程度や障害の特性の実態が十分につかめていないため，ある程度の学力を予測しながら学習教材を用いて指導し，随時，記録を取りながら個別の指導計画の作成に反映させていく。

■ 学習準備と家庭学習のポイント

　前日に学習準備を一人でできるように習慣化することが重要である。しかし，特別支援学級の子どもたちに持ち物を口頭で伝えたり，連絡帳に書いたりしても，定着せず，なかなか授業

が始まらない。

　そのようなことを防ぐために，授業前日の帰りの会で簡易な持ち物カードを作り，連絡帳に貼らせる。チェック欄は，子ども用と保護者用を用意して確認できるようにすると保護者の意識も高まる。また，曜日ごとに持ち物を絵にしたカードを持たせるのもよい。年度初め，全員にこの手立てを用いることでかなり忘れ物が減る。

持ち物チェックカード		
持ち物	自分	保護者
下じき	☑	☑
国語教科書	☑	☑
宿題○枚	☑	☑

持ち物チェックカード

　また，そのチェック欄には，学習の定着を図るための家庭学習の欄も加えるとよい。家庭教育の協力を得るツールにもなり，一石二鳥である。

■ 保護者との連携のポイント

　1週間が経ち，子どもの様子で気がかりなことが見えてくる時期である。しかし，子どもの行動の背景や要因が十分に推測できず，不安を抱えながら指導にあたる場合もある。そのようなことを避けるために，連絡帳や送り迎えの際の会話，直接の電話等を活かして，家庭での前日の様子を情報交換することが求められる。

　これまで在籍してる子どもの保護者とは面識もあり，率直に連絡をして対策が取れるが，新入生の保護者とは，関係ができていなことからもそうもいかない。毎日の情報交換は，主に連絡帳が活用されるが，そこに記す担任のコメントには細心の注意を払いたい。特に，マイナスな情報を記す際，子どもが問題となる行動だけ書いて，保護者に責任を押しつけるような文章は避けなければならない。問題行動があっても，担任が子どもの成長に向けて保護者と一緒に取り組んでいきたい，という気持ちが伝わる文章を心がけることが，保護者との連携を密にする近道である。記し方のポイントは，まず，問題となった事実と学級や学校での指導や対応を正確にかつ端的に書く。そしてその指導等による子どもの変容，さらには今後家庭に協力してほしいことの順に書いていく。長い文章になったり，正しく伝わらないかもしれないという心配があれば，その日のうちに保護者に電話連絡をして補足したい。但し，学校で問題行動が重篤であったり，被害者がいたりするケースは，事実と真意を正しく伝える必要があるため，連絡帳ではなく電話であるいは直接会って話したい。「お子さんのことを心配している」「一緒に考えていきたい」という気持ちで誠実に伝える。

　また，この時期，子どもの安全面で保護者と確認をしておく内容として，登下校の安全がある。特別支援学級に通う子どもであれば，一人登下校が原則であり，その責任は保護者が負う。子どもに対して，通学路を正しく歩いてきているか，通学路に障害となる危険な物はないか等を聞き取り，保護者と情報共有をすることが大切である。できれば，登下校の状況に応じて，改めて授業として「安全な歩道の歩き方」「横断歩道の渡り方」等の交通安全に関する指導をし，その指導内容を保護者に共有する。新入生に対しては，下校時に，担任とその保護者が実際に子どもと一緒に通学路を歩く機会をもつとより効果的である。

（喜多好一）

3章

必ず成功する！〈特別支援学級〉12か月の学級経営

CONTENTS

4月	新年度のスタート
5月	学級づくりと保護者との信頼関係づくり
6月	健康管理や気持ちのコントロール
7月8月	学習のまとめと夏休みに向けて
9月	2学期のスタート
10月	学習の秋スポーツの秋
11月	一人一人が輝く学習発表会
12月	2学期のまとめと冬休みの生活
1月	3学期のスタート
2月	1年間の学習のまとめと卒業に向けた取組
3月	修了式と卒業式

4月 新年度のスタート

今月のTODO

学級事務
- TT、介助員等の連携
- 児童・生徒の引き継ぎ

子ども理解と仲間づくり
- 朝の会、帰りの会の仕方
- 係活動、当番活動の仕方

環境づくり
- 学級園の準備
- 教室内の飼育

健康と安全
- 日々の健康状況の把握
- 安全指導の年間計画の作成

学習指導
- 授業づくりの基本
- 教材教具の準備

交流及び共同学習
- 委員会・クラブ活動への参加
- 給食交流

評価
- 指導要録の作成
- 学級経営案の作成

保護者・関係機関との連携
- 基本的な保護者連携の仕方
- 学級だよりの作成

 学校生活

　4月は、学校にとっては1年の始まりである。初めての学校、初めての学年、担任の先生との出会い、新しい友達との出会い……期待と不安の入りまじった出発の時期である。1年間が始まるこの最も大切な時期に、学級づくりにおいてもしっかり準備を整え、計画的にスタートしていくことが、この1年間を過ごす鍵となる。

 学級経営の勘所

● 子どもの状態の的確な把握

　特別支援学級は少人数であるので、毎年、在籍する一人一人の子どもの状態が、集団の雰囲気に大きく影響する。年度の始めは新たに入学した子どもの状態や、進級した子どもの状態を的確に把握し、どのような点に力を入れた学級づくりをするのか、前年度を踏襲するだけではなく、新たに様々な場合を想定しておく。

● 学級方針や年間計画の確認

　計画的・継続的に指導を進めていくには、学級方針を明確にしたり、年間計画をしっかり作

成したりすることが大切である。個別の教育支援計画や個別の指導計画を作成する場合は，学級方針や年間計画と関連付けて作成していく。

● 担任同士の役割分担とチームワークづくり

特別支援学級には，介助員の配置や複数の教師でティーム・ティーチング（以下，TT）による指導を行うこともある。子どもの学校生活に関わる職員で役割分担を明確にするとともに，連携の図り方も徹底しておく。

● 授業計画やその評価の在り方

年間計画や個別の指導計画に沿って授業を進めていくが，特に，特別支援学級の子どもたちの力がどのように伸びたのか評価をしっかり行う必要がある。評価を適宜行い，学級での生活や授業に生かしていくために，評価の在り方についても学級で確認する。

● 学校生活の流れやルールの確認

1年間の学校生活の見通しや1日の学級における生活の流れをはっきりと示したり，ルールを共有化したりすることは，子どもが安心して学校生活を送るために大切なことである。特別支援学級に関わる担当者全員で，年度の始めに共通理解する。

● 子どもや保護者との関係づくり

保護者会の開催，面談の実施，電話連絡，連絡帳等，特に，年度の始めには，信頼関係を築くためにも密に行いたい。学級方針や年間計画等もしっかり説明し，その後，家庭と学校とが協力して子どもを育てていこうとする気持ちを醸成する。

仕事の勘所

年度の始めをどのように迎えるかで，その1年間が決まってくる。既に提出されている教育課程の届出に沿って，着実に準備を進めたい。特に，公簿となる諸帳簿類，あるいは学級独自で必要とする諸帳簿類等など，通常の学級とは異なるものもあるので，しっかりと用意しておくことが重要である。

特別支援学級では，学級の特性から教師同士のチームワークが非常に大切である。新たに加わった教職員もいると思われるので，教職員同士の役割分担を明確にし，学級経営についての確認や子どもの実態の把握，指導方針等の共通理解等を丁寧に行いたい。

指導を計画的に行うためには，しっかりとした学級全体の年間指導計画が必要である。前年度までの年間指導計画を土台にして，さらに改善すべき点，変更すべき点を反映させ，その年度の年間指導計画を作成する。特別支援学校の学習指導要領を参考にした教育課程を編成している学級では，特に使用する教科書を考慮したものとなるよう留意する。その年間指導計画に基づいて，さらに，一人一人の子どもの障害の程度に応じた個別の指導計画を作成する。

学校全体の経営方針の下，通常の学級との交流及び共同学習の進め方についても，関係者で年度当初にしっかりと計画しておきたい。

（山中ともえ）

学級事務

TT，介助員等の連携

　特別支援学級では，担任同士でティーム・ティーチング（以下，TT）を組んだり，介助員が配置されていたり，複数で指導にあたることが多い。効果的に連携しながら指導していくことで，学習や活動がより豊かで質の高いものになる。上の図は，指導の連携の例である。主担当をMT，副担当となる教師や補助として入る介助員をATとしてポイントを示す。

● 個に応じた丁寧な指導を重視する場合
　例1：MTが全体指導を行い，ATが支援の必要な子どもに付く。
　例2：子どもが複数学年に在籍する場合，MTとATとでそれぞれ小グループを作る。

● やりとりの場面で具体的な姿を見せ，子どもに適切な方法の定着を図りたい場合
　例3：MTとATで，話し方や気持ちの伝え方のモデルを示す。

● 話し合いの場面で，意見に広がりをもたせ，話し合いを望ましい方向へ進めたい場合
　例4：MTが全体指導を行い，ATが子どもと共に参加者の1人として発言を促す。

　TTや介助員等，複数の教師で指導にあたることで，よりダイナミックな学習や活動を展開したり，子どもの課題に対し多面的・多角的な視点から分析したりすることができる。複数の教師で効果的に指導を行うためには，MTとATとの間に共に指導を行う者として互いを尊重し合い，信頼し合おうとする姿勢が必要である。

（福田大治）

児童・生徒の引き継ぎ

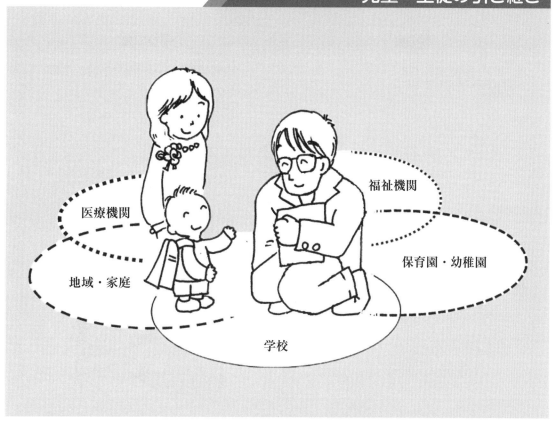

　特別支援学級を担任することが決まったら，始業式・入学式までに，子ども一人一人の個別の指導計画や個別の教育支援計画等の引き継ぎ資料をよく把握しておく。入学前の機関や，前年度の学年ではどのような指導をしてきたか，医療機関や福祉機関との連携状況はどのようか，子どもの好きなことや得意なことは何か，保護者は学校にどのようなことを期待しているのかなど，これから始まる学校生活に大事な役割を果たす情報が含まれている。保護者の了解の下，就学前の保育園・幼稚園・療育機関の担当者と連絡を取り，可能な限り，子ども一人一人の学習面や行動面，健康面等の情報を直接教えてもらう機会を設定したい。

　入学式・始業式前には，得られた情報を基に，本人・保護者の希望を聞きながら，受付の方法や座席配置，呼名の仕方，入退場の付き添い方等の対応について検討する。子ども一人一人の状態や対応方法については，特別支援学級の担任や介助員だけでなく，管理職や養護教諭を含む学校全体で，共通理解しておく。また，入学後，すぐに交流及び共同学習を進めるために，通常の学級における理解推進を図り，交流する学級の受け入れ態勢を整えるようにする。

　進級や進学に際し，子どもは喜びや不安でいっぱいだが，保護者も同じように期待と不安を抱えているものである。学級の指導方針を理解してもらうとともに，引き継ぎが適切に行われていることを伝え，子どもが成長していくための土台を固めていきたい。

(三木信子)

子ども理解と仲間づくり

朝の会，帰りの会の仕方

朝の会
①あいさつ
　「起立・気を付け」
　「おはようございます」
　「着席」
②出欠
　「出欠をとります」
　「〇〇君」
　　C：「はい，元気です」
　…
　「〇〇さん」
　　C：「はい，少し喉が痛いです」
③時間割
　「今日は4月9日，月曜日です。天気は晴れです」
　「1時間目は，朝の会です」
　「2時間目は，校庭での体育です」
　…
　「6時間目は，国語です」
④下校時刻
　「1・2年生の下校は2時40分」
　「3年生以上の下校時刻は3時40分です」
⑤先生からの話
　「次は先生からのお話です。」
　　T：「今日は，3時間目に発育測定があります」
　　　「4時間目の予定ですが変更になりました」
　　　「中休みが終わって教室に戻ってきたら…」

帰りの会
①持ち物の確認
　「今日は金曜日です。体育着を持ち帰ります」
②今日の相互評価
　「今日のよかったことを発表してください」
　　C：「〇〇さんが〇〇してくれたことが…」
　　T：「そうでしたね。…」
③先生からの話
　「次は先生からのお話です」
　　T：「明日は土曜日ですが，授業日です」
　　　「2時間目に〇〇をするので〇〇を持ってきます」
④あいさつ
　「気を付け」
　「さようなら」

　「朝の会」の流れは，学級ごとに継続されている内容・方法がある。まず，年度当初に，その形式が現学級の子どもの実態に合っているかどうかを確認したい。

　「先生からの話」という次第を入れていることが多いが，その中で，当日の時間割の変更について明確に説明をする必要がある。黒板に記された時間割に書き加えたり，修正をしたりするなど，視覚的な情報を加えて子どもに伝達すると，子どもが一日を安心して過ごすことにつながる。また，遅刻や早退，子どもの健康上の留意点等についても，ここで全体に伝えることは，子どもたち一人一人の所属感を高めると同時に，全教師に情報を伝達する上でも重要なことである。さらに暦の読み方（ついたち…，睦月…等）・時事的・季節的な内容についても触れて，子どもが社会での出来事に関心をもったり，知識を蓄えたりすることにも目を向けたい。

　次第に沿って当番制で日直の子どもが進行を務めるという形をとっている学級が多い。4月の日直の順番は，上級生から始めることにして，新入生だけでなく転入生は1巡目の最後であるとか2巡目から日直を行うなど，安心して取り組めるように配慮する。

　「帰りの会」については，学年によって下校時刻が異なるため実施が難しいが，5校時終了後に行ったり，2回に分けて行ったりするなどして実施し，自己肯定感をもって下校できるようにすることが大切である。

（小島久昌）

係活動，当番活動の仕方

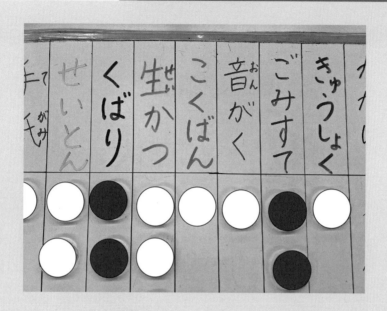

→下校の時に日直がひっくり返す。
（登校時の状態）

●→係活動が終わったらひっくり返す。

　係活動は，一定期間，同じ子どもが学級のための仕事をする。対して当番活動は，学級のための仕事をみんなで順番にする。それぞれのねらいに即して活動を設定したい。係活動では，子ども一人一人の能力に応じた内容を選択させる。当番活動では，個別の支援を用意することを前提にするにせよ，全員の子どもが取り組める内容を用意する。

　係活動は，学期ごとに担当する子どもの入れ替えや仕事内容の変更を行う。係を決定する時は，仕事の性質と子どもの特性とのマッチングが大切である。本人の長所を生かした係を担当する場合もあるだろうし，本人の短所を改善するために係を選択する場合もあるだろう。担当する子どもの状態によって，係の仕事の軽重を調整する（例：時間割係→①時間割を黒板に書く②教科名を書いた短冊を貼る）ことも重要である。

　係，当番が決定したら，担当表を作成し教室に表示する。特に係活動に関しては，子どもも教師も，誰が何を担当しているか，係は上の写真のように，その仕事が終了しているかどうかを確認できるようにしておきたい。

　係活動，当番活動を通して，学級には様々な仕事があり，それらが遂行されてはじめて教室が心地よく過ごせる空間になっていることにも気づかせたい。

（小島久昌）

環境づくり

学級園の準備

作業学習や図工の時間に作った看板

生活単元学習や理科の学習と関連を図りながら植える種や苗について調べる

　4月，新学期が始まって，まもなく学級園の準備を開始する。
　具体的な手順は次の通りである。
①「1年間でどのような流れで栽培を進めていくのか」を学級全員で確認すること
　前年度に取り組んだ様子を写真や映像などを用いながら確認するとともに，前年度も取り組んでいる上級生の体験談を交えることも有効である。
②畑起こし
　事前準備として学級園のデザインを教師側で考えておき，植える位置に印を付けておくと，その後の作業がスムーズに行える。
③学級園に立てる看板づくり
　この看板は，作業学習や技術，図工の時間を活用して作る。のこぎりで木材を切る，切った木材にやすりがけをするなどの作業をする際には，上級生と新入生をペアにして行う。例えば，上級生が木材を押さえて，新入生がのこぎりで木材を切るといった具合である。
④植える種や苗の学習
　種や苗を植える前に，生活単元学習や理科の学習との関連を図りながら，図鑑等で調べる学習をする。

（米内山康嵩）

教室内の飼育

　生き物を飼うことは，子どもたちの「命を大切にする気持ち」を育てる上で大切である。教室に生き物がいることで，子どもたちは生き物をより身近に感じることができる。

　まず，教室内で生き物を飼う時は，教室の黒板側ではなく，後ろ側に場所を設置するとよい。いつも子どもたちが向く方向に場所を作ると，授業中に生き物の様子を気にしてしまい授業に支障が出るため避けたい。

　教室内で飼育できる生き物として，水槽を使用して飼う生き物（金魚，めだか等），虫かごを使用して飼う生き物（かぶと虫，コオロギ等），ケージを使用して飼う生き物（鳥，ハムスター等）などがある。飼う生き物は，アレルギーの有無や子どもたちの希望を取り入れつつも，できるだけ子どもたちの力で世話ができる生き物であることが望ましい。また，その飼おうとしている生き物の餌が，すぐ手に入るようなものであるかも，飼育するかどうかに関わる。

　飼育する場合は，その生き物の成長観察日記をつけるとよい。観察日記は，簡単な内容で，どの子も書くことができる形式にしたい。また，餌やり当番や，餌を与える時間帯を決め，学級みんなで育てているという気持ちをもつことが大切である。

(山田明夏)

健康と安全

日々の健康状況の把握

　子どもの健康状況を把握する上で大切なことは，まず担任の心と体の構えが安定していることである。担任が笑顔でゆったり関われば子どもは落ち着きお互いを気遣うことができる。

　朝の会で行う健康観察は担任の大切な仕事である。朝の体調を知っておくと子どもの変化に気づくことができる。しかし，担任一人で子どもの健康状況をすべて把握できるものではない。保健室との連携も大切である。担任が行った健康観察の記録を毎日養護教諭は確認している。担任が判断できない時は早めに子どもを保健室に連れて行く。子どもの身体状況は急変することもある。「いつものことだから大丈夫だろう」とそのままにしてはならない。

1日の中で子どもの健康状況を把握するためのチェックポイント

朝の会での健康観察	□連絡帳の健康上の保護者の記述　□子どもの顔色　□就寝・起床時刻　□朝ご飯　□排便　□健康観察表の前日までの様子　□薬の服用　□体の痛み　等
授業時間休み時間	□朝と違う体の動き　□平熱の確認と検温　□友達の気づき　□問いかけへの反応　□転倒やけがの有無　□季節による体調の変化
給食時間	□食物アレルギーの有無（引き継ぎ事項の確認）　□偏食の有無とその食品　□食事の量　□食事中・食後の腹痛や嘔吐　□誤飲や食物の喉詰まり
引き継ぎ資料	□個別の支援プラン　□保険調査票　□学校生活管理指導表の有無

（磯田登志子）

安全指導の年間計画の作成

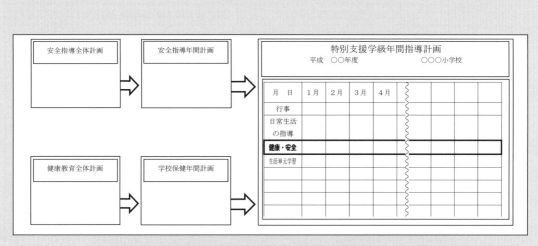

特別支援学級の安全指導の年間計画作成の流れ

　安全指導は，子どもが健康で安全な日常生活が送れるように計画的に行うものである。そのためには４月のなるべく早い段階で「何をいつ指導するか」の見通しをもつことが大切である。安全指導は時期を捉えて行う必要がある。災害を想定した避難訓練（地震・引き渡し訓練，火災，不審者対応）などは保護者へも伝え，子どもが生活する場所で活かせる指導が必要である。

　特別支援学級の安全指導の年間計画は，学校の安全指導全体計画・年間計画，健康教育全体計画・学校保健年間計画などを基にして作成する。多くの場合，特別支援学級年間指導計画一覧表（月行事，日常生活の指導，生活単元学習，自立活動，各教科・領域の指導，交流及び共同学習などの内容）に安全指導の内容を組み込んでいる。その際，子どもの特性を配慮し内容と時期を配置する。年間指導計画一覧表は常時確認できるようにし，訓練的な行事は事前指導を少なくとも２回は行いたい。１回目は訓練の１週間前に「目的，内容，場所，安全な行動」を視覚的に伝え，体を使ってシミュレーションする。２回目は前日又は当日の朝，必要な指示を短く伝え，行動を確認する。日にちを置いた反復指導は効果的である。

　身体の清潔（着替え，手洗い，排せつ）や給食指導（マナー，偏食，食後の歯磨き，準備・片付け）など健康に関する内容は，生活をともにしながら繰り返し指導することが望ましい。

（磯田登志子）

学習指導

授業づくりの基本

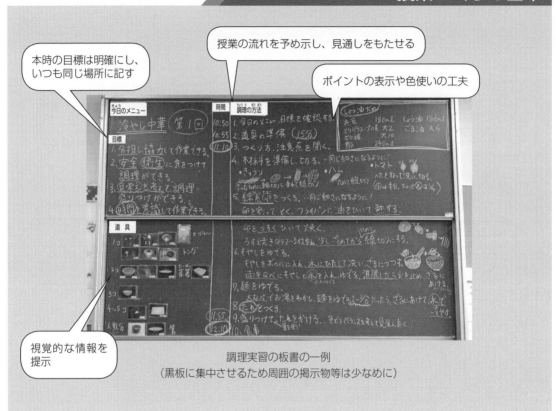

調理実習の板書の一例
(黒板に集中させるため周囲の掲示物等は少なめに)

　特別支援学級の子どもたちの多くは，ことばによる理解の難しさや，見通しがもてない学習活動への不安感，情報整理の困難さなどの課題がある。それにより失敗経験も多く，自尊感情が高まらない現状もある。これらの子どもたちに対する授業づくりの基本は，学習集団を育て，学ぶ環境を作ることから始まる。人や物などの生活を見直し，授業空間を子どもが落ち着いて学習活動に集中できる環境に整えることが必要である。

　学習に取り組む姿勢や態度を育てるには，まず学習規律を確立することが大切である。私語や立ち歩き等をしないだけでなく，話をする人に注目し，クラスの仲間の発言を冷やかしたり，からかわないなどのルールを作る。子どもたちに積極的な発言を促しながらも，自分本位の発言で他者の発言の機会や意欲を奪わないような配慮をしていきたい。また，よい発言にはみんなで賞賛し，互いに高めあう雰囲気を作り，学習集団を育てていくようにしたい。

　次に教師が授業を進めるに当たっては，上記の黒板の写真のように本時の目標を明確にし，活動の流れをあらかじめ示すなど，子どもたちが見通しをもてるような情報提示をしたい。また，図や写真などの視覚的な情報もあわせて提示することで，ことばの説明を補い，より理解を深めることにつなげることができる。情報を伝える黒板やその周辺はできる限り整理整頓し，授業内容に必要な情報のみに視線が注がれるように配慮したい。

(岩瀬敏郎)

教材教具の準備

一対一理解の教具

ぼくのがない！

「これボークの♪」と節をつけて言うと楽しい

手作り教材教具

毎日の流れを学習する学校日課。黄色いペンをなぞる。1日ずつ貼ってページを増やしていく

靴紐を使ったファイル。紐結びの練習に

　新学期は，新しく担任した子どもに教材教具を準備する季節である。どんな授業をしていくか，何を目指していくか，ワクワクしながら考える。昨年度の情報を基に，これまで学習してきた流れを大切にしたい。子どもにとっては，急な変化は混乱を招く場合がある。子どもの実態が把握できたら，何を指導していくか具体的に考えて教材を設定する。特別支援学級では，教材として様々な絵本を使うことがあり，図書館の活用も考えたい。

　次に，一人一人に合った教具を用意する。課題は何か，その課題を解決するためにはどのような手立てが必要か，ということを考えながら作成する。パネルシアターやペープサート等の視覚的な教材は効果的である。購入できる物もあるが，手作りのものであれば，一人一人の子どもの状態に応じ，担任も使いやすい物となる。工夫次第で手軽に安価に作ることができる。ホームセンターや100円ショップは材料の宝庫である。

　一対一対応を理解させるために写真の教具を作成した。紙芝居のオニは口に切り込みがあり，食べ物カードが入る仕組みになっている。この一手間をかけることで子どもたちの集中はぐっと変わってくる。食べ物カードは画用紙に色を塗ってパウチし，後ろに板磁石を貼ってある。多く作っておくと，仲間分けなどいろいろな場面に活用できる。電車は牛乳パックでできている。子どもに合わせながら楽しく教材教具を工夫してほしい。

(小池えり子)

交流及び共同学習

委員会・クラブ活動への参加

委員会・クラブ活動の準備は前年度から行う

　小学校では，高学年は4月に入るとすぐに，委員会・クラブ活動を決めることになる。しかし，活動内容の紹介や見学などは，前年度に行われるので，4月に入ってから準備するのでは遅い。前年度中に，活動内容のイメージをもてるようにしておくことが必要である。

　決め方については学校ごとに異なるが，子どもの意欲だけではなく，その活動が子どもに適しているか，継続可能であるか，友達関係はどうかなどを考慮して，子どもと一緒に選ぶようにする。必ずしも，担任がその委員会やクラブの担当になるとは限らないので，選択の方法は大事である。

　委員会・クラブ活動の1単位時間の大まかな流れは，①めあてを決める，②活動する，③振り返りをする，の3点である。委員会活動は，これに日常的に委員会の活動をする「常時活動」が加わることが多い。常時活動は，決まった曜日や時間に決まった活動をするので，定着するまでは担任が一緒に行い，覚えてきたら徐々に支援を減らしていく。

　担当者や他の子どもに，子どもの実態と必要な支援をあらかじめ伝えておくことも大切である。委員会・クラブ活動の目的の一つに，異学年同士の関わりがある。本人だけではなく，一緒に活動する友達にも働きかけ，できるだけ，子ども同士で助け合いながら活動できるように支援していくことが大切である。

(齋藤陽子)

給食交流

白衣の着脱、盛り付けや配膳等、一通りの活動を身につけられるよう支援する。

一緒に食べることが楽しいと思える環境を作る。

　給食交流は、子どもの実態に合わせて、様々なやり方が考えられる。何より「通常の学級の子どもと一緒に食べることは楽しい」と思える環境を作れるよう、時間をかけてじっくりと見極めることが大事である。通常の学級との給食交流の例としては次のようなやり方がある。①毎時間、通常の学級で給食を食べる交流、②隔週での交流、③週１回の交流、④交流する学級から友達を迎える交流、⑤行事と関連させた交流などである。どの方法を選ぶかは、本人と保護者の希望を聞き、担任が判断する。毎時間交流をする際の目安としては、給食当番をしっかりと行える、マナーを守って食べられる、この２点を考慮する必要がある。

　給食交流では食べることだけでなく、子どもの実態によっては、当番活動に参加することも目標にする場合もある。そのためには、事前に特別支援学級で、白衣の着脱、盛り付けや配膳等、一通りの活動を身に付けられるよう支援する必要がある。そして、慣れるまでは担任が付き添い、当番表の見方や給食当番のやり方を指導するとともに、周りの子どもに、それとなく関わり方を伝え、サポートを頼んでおく。

　また、給食指導で大切なことは、食事の量に関して「増やす」と「減らす」を伝えられるようにすることである。偏食のある子どもも多いので、「減らしてもいいですか？」と言えると、子どもの安心感も高まり、「食べることは楽しい」と感じる道への近道となる。

(齋藤陽子)

評価

指導要録の作成

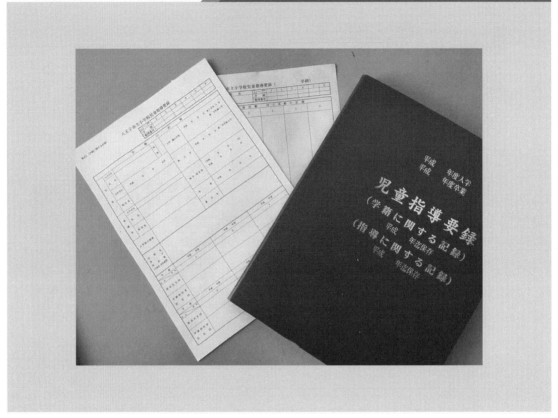

● 新鮮な気持ちで要録の作成

新年度のスタート。「今年1年，この子どもたちと頑張ろう！」の思いをもって，要録の作成・確認をしていきたい。新入生は年度当初に，転入生についてはその都度新規に作成していく。

●「学籍に関する記録」の記載事項確認

在籍に関わる基本的な情報を正しく記載していく。変更等があった場合は，公簿なので二重線を用いて訂正していく。児童生徒名簿など，住所等の変更があった場合すぐに修正するのだが，要録の修正を忘れることがある。変更があった時に学籍の部分も修正しておくとよい。

●「指導に関する記録」の確認

前年度に確認はするが，担任が異動したり，初めて受けもつ子どもであったりすることもある。各教科等の記録や行動の記録，所見や参考になる諸事項，出欠席の記録等，記載内容の確認をする。

● 指導要録は重要な「公簿」

「学籍に関する記録」は20年間，「指導に関する記録」は5年間の保存が義務付けられている。転入学の際の重要な資料にもなる。責任をもって記載すること，そして校内のルールに基づき，確実な管理・点検をすることが大切である。

(小島徹)

学級経営案の作成

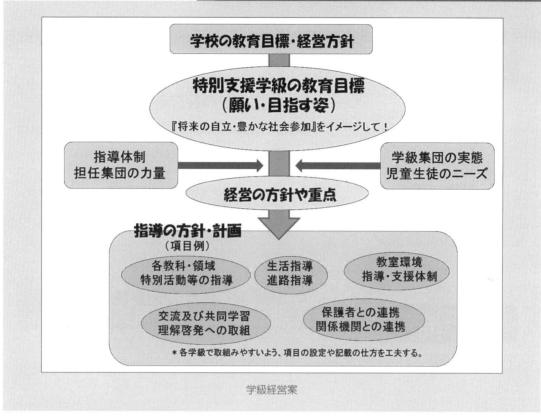

学級経営案

● 特別支援学級の学級経営案

　特別支援学級では、一人一人の教育的ニーズに応じながら指導・支援を進めていくが、子どもの実態と学級集団としての状況を踏まえながら、学級としての経営方針を立て、担任が共通理解を図りながら指導を進めていく必要がある。そのために有効なツールが学級経営案である。

●「学校の教育目標」×「学級の教育目標」×「児童生徒のニーズ」×「指導体制」

　経営案を作成するに当たっては、まず設置された学校の教育目標及び学校の教育課程をベースにする。そして子どもの実態やニーズを踏まえながら、特別支援学級としての役割や願い・目標・具体的な方針・指導の重点等を明記していく。在籍する児童生徒数にもよるが、特別支援学級内で複数のクラス編成をすることもある。目標や願い、方向性を担任間で共有しながら、各クラスの実態に応じた、より具体的な方策等を記載していきたい。

● 学級経営案の意義

　学級経営案を作成するプロセスは、担任同士の考えを理解しあったり、方向性を共有したりするために有効である。指導者間で方針を共有し、一貫した姿勢で指導や支援に臨むことができると、保護者からの信頼や安心感も高まっていく。また、学級経営案を通して、校内の教職員に特別支援学級の実態や教育活動に対する理解の深まりも期待できる。

(小島徹)

保護者・関係機関との連携

基本的な保護者連携の仕方

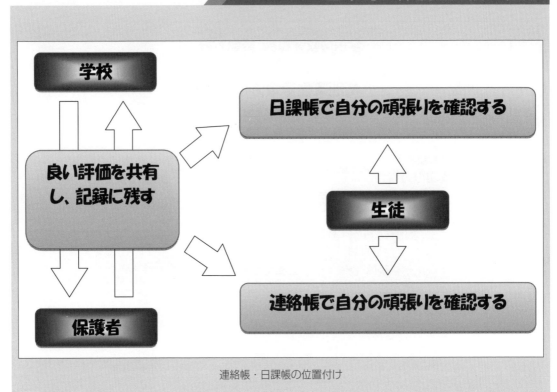

連絡帳・日課帳の位置付け

　4月は子どもはなかなか落ち着かない時期である。気持ちよく学校生活をスタートできるようにするためにも，4月は，教師と保護者が「子どもの成長を共に応援する」パートナーである関係づくりを確認できるようにしていくことが大事である。信頼関係を築き，気持ちよく子どもの育成に関わっていくために，4月当初に，連絡帳（日課帳）の使い方など，情報交換の方法や協力関係の作り方を明確にすることがとても大切である。

①日々の記録は「よさ」の積み重ね

　中学校の特別支援学級では，生徒が書く「日課帳」と，担任や保護者が書く「連絡帳」という二種類の記録をやり取りしていることが多い。保護者には，どちらの記録も，基本的には「やったこと」「できたこと」「達成したこと」などを書いてもらい，日々の「よさ」を積み重ねる資料にする。読み返した時に嬉しい気持ちになる記録は多い方がよい。

②よいことは日課帳に，課題は電話で

　子どもも担任と保護者がどんなやり取りをしているかが気になり連絡帳を読むことがある。連絡帳は子どもに読まれることを前提に書く必要がある。子どもの課題やトラブルの記録を残し，また，それを保護者と共有することも大切であるが，連絡帳や日課帳は「事務連絡」と「よさの記録」にとどめ，課題は電話等で伝えることも大事である。

（土方恒徳）

学級だよりの作成

学級の様子	持ち物や家庭学習などの連絡
※授業の様子，子どもの活動などを伝える。伝える場面や伝え方を正しく選択することで，教師の学級づくりの姿勢を示すことが大切。	※いわゆる事務連絡的な事柄は，学級だよりの冒頭に置かないほうが，読む側に柔らかい印象を与えるようである。
写真など	今後の予定
※可能であれば，なるべく多くの子どもの写真を掲載したい。	※毎週発行の学級だよりでは，この部分に次週の時間割を載せる。毎月発行の場合は翌月の予定を。

学級だよりレイアウト例

　各学級で発行する学級通信は，単なる情報提供のツールではなく，学級づくりの広報誌としての機能もある。特に4月当初に発行する学級通信は各学級担任の「学級の経営方針」を明示することが多い。特に「担任としてこのクラスをこのようにしていきたい」という思いを伝えることはその後の学級経営にとって大切である。また，学校だよりに特別支援学級の様子の記事を載せていくと地域に対して大きなアピールになる。

　学級だよりを発行するにあたり，以下の2点が大事になる。

①**写真や子どもの作品掲載についての方針を明確にする**

　学級だよりに自分の写真や作品などが載った時，子どもはとても嬉しそうな表情をする。個人情報に配慮しつつ，子どもの活躍の様子を伝えるようにしたい。子どもの写真や作品などの掲載については，保護者説明会や，保護者の許可を求めるアンケートなどで掲載できない子どもを把握する。掲載できない子どもに対しては，その家庭と学級でのみ掲示する版を作成するなどの配慮を行い，できるだけ全員が嬉しさを共有できる学級だよりの発行を行っていく。

②**学級だよりの発行を定期的に行う**

　学級だよりは，家庭にとって学級や子どもの様子がわかる大事な刊行物である。定期的に発行することは，そのこと自体への信頼感を得ることにつながることも意識していきたい。　　　（土方恒徳）

5月 学級づくりと保護者との信頼関係づくり

今月のTODO

学級事務
- 実態調査の報告
- 就学奨励費の確認

子ども理解と仲間づくり
- 学級集団づくり
- 誕生日会の持ち方

環境づくり
- 春の掲示
- 春の草花・野菜の栽培

健康と安全
- 交通安全指導
- 学校でのけがの防止

学習指導
- 学習指導案の書き方
- 国語の指導

交流及び共同学習
- 交流及び共同学習の計画
- 特別支援学級の紹介

評価
- 個別の指導計画の作成
- 通知表の検討

保護者・関係機関との連携
- 保護者会の運営
- 関係諸機関との連携

 ## 学校生活

5月は，大型連休をはさみ，学校生活も軌道に乗り始める時期である。初夏に向け気候もよくなっていく中で，様々な活動を通して子ども同士の関係を深めたり，保護者会等を通して信頼関係を深めたりするなど，互いをよく理解するよう配慮したい。年度の始まりの気持ちの高まりを落ち着かせ，学校生活における習慣を定着させるための取組もこの時期に行いたい。

 ## 学級経営の勘所

● 学級内の業務分担や諸帳簿類の確認

4月に教師同士の特別支援学級内における業務分担を決め，既にそれぞれの担当業務を進めているが，進捗状況を報告し協力し合う教師同士の体制を構築していくことも大切である。あわせて，特別支援学級で必要な諸帳簿類についても漏れがないよう確認する。

● 学級集団づくりと係活動

係活動は子どもたちの役割を意識させるためにも大切である。子どもの状態に応じた係活動を工夫し，継続的に取り組むことで自信をもたせたい。また，上級生と下級生の役割分担を行

うなど，係活動や縦割り活動等をうまく活用して，学級集団としてまとめていく。

● 生活習慣や学習規律の徹底

慣れない新年度の疲れや，大型連休明けの疲れが出る時期でもある。年度当初に決めた目標を具体化させ，生活習慣や学習規律をしっかり定着させるために，子どもの様子に気を配りながら，毎日行う朝の会や学級活動を丁寧に行うようにする。

● 通常の学級との交流及び共同学習の計画

新学期の開始とともに，既に交流及び共同学習が開始されていると思われる。通常の学級にとっても，特別支援学級にとっても成果のあるものとするため，その年度の特別支援学級の子どもの状況をよく分析し，一人一人に合った計画になるよう見直し，改善を図る。

● 交通安全指導

春の全国交通安全週間が実施されるのは5月であり，この時期に改めて，年度当初に確認した登下校の経路の確認や，交通ルールの指導をしっかりと行いたい。地域の警察や交通安全指導員等，子どもを見守ってくれる人達との連携も図る。

● 保護者会の工夫

特別支援学級では，子どもの状態を把握するため，それぞれの保護者とも年度が始まる前に面談等を実施していると思われるが，保護者同士の連携も大切である。少ない人数であるからこそ互いをよく知り，担任とも信頼関係を深めるための保護者会を工夫する。また，保護者会等を通じて，個人情報に配慮しながら家庭環境も把握しておく。

仕事の勘所

5月は，子どもたちは，学校生活にも慣れ始めるとともに，大型連休等で体調をくずす時期でもある。

この時期には，安定した学級集団づくりや生活習慣の徹底に力を入れておきたい。日々の学校生活を子どもが気持ちよく，安心して送るために，学級での生活ルール，授業ルール，家庭との約束ごと等，一人一人の障害の状態も考慮しながら明確にしておく。一度決めたことは，途中で修正しながらでも，きちんとやり通すことが大切である。生活規律や学習規律等が明確に示されていることで，子どもは生活の中で見通しをもって過ごすことができる。

特別支援学級では，担任と保護者の連携や保護者同士の連携も非常に大切である。日々の連絡方法の確認や，授業の様子を理解してもらうための授業参観，保護者同士が話し合う時間の設定等，様々な工夫が考えられる。より指導効果を高めるためには家庭の協力や保護者同士のチームワークも必要である。

学級での生活に慣れてきたところで，特別支援学級の少人数で安定した集団から，学校全体の大きな集団へと目を向けていく。交流及び共同学習の計画についても，学校全体でさらに検討を進め，改善しながら充実した内容にしていきたい。

（山中ともえ）

学級事務

実態調査の報告

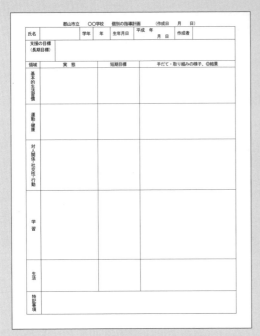

個別の指導計画例 　　　　　個別の教育支援計画例

　特別支援学級に入級した子どもは一人一人の障害の状態が異なる。個別の指導計画を作成していくにあたり，年度当初に子どもの状態を的確に把握することは大切なことである。特別支援学級に入級する場合は，就学相談を行い，その相談の中で，医療機関等の診断を受けたり，就学相談員と相談したりしている場合が多い。その段階で諸検査を受けたり，行動観察や家庭状況の把握等が行われたりしていることから，入級決定後に特別支援学級の担任として，情報を整理しておきたい。特別支援学級が設置されている学校の責任において，在籍する子どもたちの障害の状態を統一された視点で把握し直す必要がある。

　この状態の把握を元にして，特別支援学級の講師や介助員等の配置を検討したり，実際に指導を始める際に，授業のグループ分けや学習方法の選択等の参考にしたりする場合もある。

　状態の把握の内容としては，①障害種別，②医学的・専門的な診断，③障害者手帳等の状況，④本人・保護者の希望，⑤諸検査の結果，⑥現在の状況（生活・学習の様子，集団での様子，コミュニケーションの状況等），⑦家庭における様子等が考えられる。この状態の把握を，個別の教育支援計画や個別の指導計画の作成に活用したり，保護者や担任との連携ツールとして共有したりすることも可能である。

（菅　英勝）

就学奨励費の確認

特別支援学級に在籍している子どもたちには，教科用図書購入費，学校給食費，通学費，交流学習交通費，学用品・通学用品購入費等の経費が支給されるが，支給区分（世帯全員の収入状況等に基づく）等により支給対象は限定される。

　特別支援教育就学奨励費（以下，就学奨励費）は，特別支援学校や特別支援学級の子どもが対象である。平成25年度からは，学校教育法施行令第22条の3に定める障害の程度に該当するが，通常の学級で学ぶ子どもについても補助対象を拡充している。

　就学奨励費は，学校教育法第19条の「経済的理由によって，就学困難と認められる学齢児童生徒の保護者に対しては，市町村は，必要な援助を与えなければならない」という就学援助とは異なるため，保護者には，就学奨励費を申請するかどうかの意向を確認する必要がある。

　申請書類提出は，各自治体の担当部署から学校に連絡があり，担任から保護者に伝える。その申請後，保護者の状況によって，自治体が支給の可否を決定する。

　また，年度当初は，上述した就学援助の申請もあり，混同する場合がある。保護者には，事前に就学奨励費は特別支援学級に在籍する子どもが対象であることを説明し，理解してもらうことが大切である。特別支援学級に通学する際に，公共交通機関等を利用している場合は，通学費の対象となる場合もあるので，子どもの通学手段についても確認したい。

（高橋浩平）

子ども理解と仲間づくり

学級集団づくり

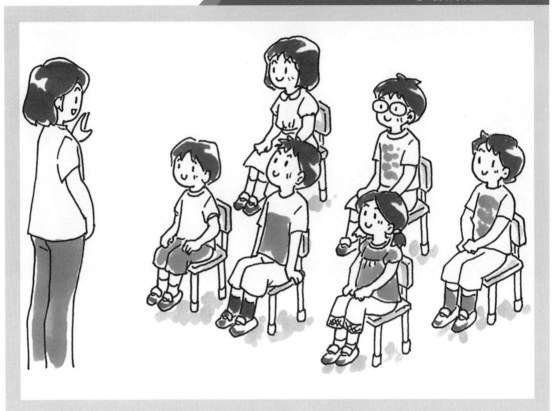

　特別支援学級は異年齢の子どもたちで一つのクラスを構成することが多い。そのため，最上級生の6年生が卒業し，1年生や転入生が入級してくるなど4月から学級は落ち着かない状態になっている。学級全体の総力が，3月と比較して下がることは必然である。そのため，6年生がいて安定していた子ども同士の人間関係を，大型連休が終わった5月頃から改めて組み立て直す必要がある。その時期に担任として次のことを心がけたい。

● 学習規律

　学校では，学校生活の中心となる授業時間を大切にしたい。そのためには，学年が上がり，集団の構成メンバーが変わっても，学級として求める学習規律を維持することが必要である。「授業の開始時には，動きを止めて挨拶をする」「先生の説明は最後まで聞く」などの学習規律を改めて提示し確認することが大切である。

● 即時的評価

　授業時間だけに留まらず，給食や休み時間等においても，子どもの様子を把握して，その行動が正しい行動か修正すべき行動かをその場ですぐに伝えることが重要である。これは対象の子どものみならず，周りにいる子どもに対しても，生活のルールを改めて提示することになる。

　1年間の最初の2か月で学級のルールを確認することが集団づくりの第一歩となる。　　（小島久昌）

誕生日会の持ち方

（例）誕生日会プログラム［小学校］

司会：児童A・B

1　始めの言葉	児童C	
2　みんなで歌おう「○○○○」	児童D・E・F・G	⎫ 誕生日会の対象の児童が喜びそうなプログラムを考えた
3　ボウリングゲーム	児童H・I・J・K	⎭
4　金魚釣り	児童L・M・N・O	⎫ 誕生日会の対象の児童2名から披露したいという希望が出た
5　マジック	児童P・Q	⎭
6　終わりの言葉	児童R	

その他のプログラム例

- ○伝言ゲーム
- ○カルタとり
- ○クイズ
- ○宝探し
- ○ジェスチャーゲーム
- ○だるまさんがころんだ
- ○椅子取りゲーム
- ○フルーツバスケット
- ○スポーツリバーシ
- ○押し相撲
- ○指相撲
- ○新聞紙を使ったゲーム
  ・人数を決めて，新聞紙を半分ずつ折っていく
  ・1枚の新聞紙をなるべく細く長くちぎっていく

　学級で互いに誕生日を祝うことは，所属感を高めたり，自己肯定感を高めたりする上でも大切である。そのために，単なるお楽しみ会にしないための仕掛けを用意する必要がある。

● 誕生日会の趣旨

　誕生日会を毎月行うのか，毎学期行うのか，その頻度を生活単元学習の時数を考慮しながら決めていく。いずれにしても，誕生日会の対象となった友達が喜ぶ会にするという主旨を共通理解する必要がある。

● プログラムの決定

　上記の趣旨に照らし合わせて，誕生日会の対象となった友達のよさに気づきながらプログラムを考える時間を大切にしたい。

● 各プログラムの運営

　各プログラムの運営は担当の子どもを決めて，準備をしたり，当日の担当を決めて練習をしたりすることが大切である。そのために一定時間の準備時間を用意し，同じプログラムの子ども同士で協力して課題にあたる態度を育成したい。

　特別活動［学級活動］や道徳の内容を意識しながら進めることが肝要である。

（小島久昌）

環境づくり

春の掲示

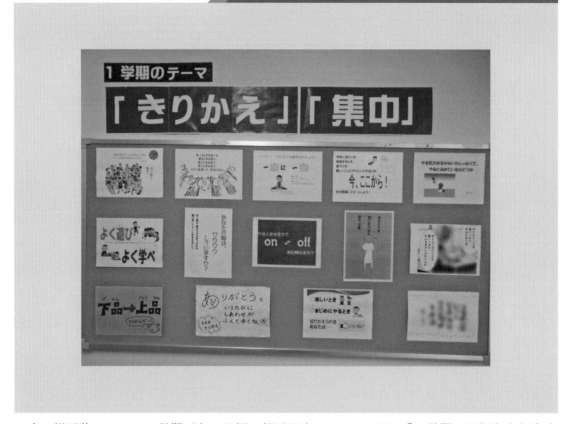

　春の掲示物の一つに、学期ごとの目標の掲示がある。ここでは、「1学期の目標」を紹介する。

　新年度に入って1か月ほど経つと、子どもたちも学校生活に慣れてきて、学級の雰囲気や特徴がはっきりわかってくる。それと同時に、学級集団や一人一人が目標とすべきことも見えてくる。そこで、子どもたちの目標をポスターにして作成し、掲示する。

　絵を描くことが好きな子どもは、画用紙などに手書きのポスターを作成してもよいが、描くことが苦手な子どもは、パソコンを活用するときれいで見栄えのよいものを作ることができる。この学習は、パソコンの操作の勉強にもなる。インターネットで探した自分の好きな写真やイラストを貼り付けることで、彩りのあるポスターになり、一人一人の個性が出てくる。

　子どもたちがポスターを作る際、事前に教師が参考になる手本を示すこともイメージをもたせる上で大事である。

　パソコンでポスターを作ることが軌道に乗ってくると、行事の事前・事後学習や教科学習などの他の学習場面にも発展させることができる。

（田近健太）

春の草花・野菜の栽培

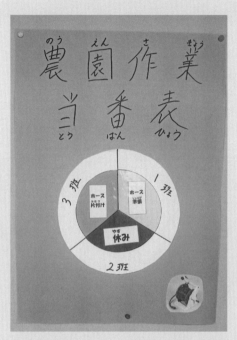

子どもに責任をもって役割に取り組ませる

　学級園での野菜の栽培は季節を意識したり，収穫の喜びを感じたりできる活動である。

　野菜の栽培で大切なことは，「事前準備と片付けの役割分担を行い，責任をもって役割に取り組むこと」である。学級園の作業を実施するかどうかは天候に左右されるが，事前に当番を割り振っておいて，その準備に責任をもって取り組ませたい。

● 水やりのためのホースを水道に取り付け，学級園まで運んでいく作業

　最初から子どもに任せることはせず，手順や約束事を教師が見本を見せる形で確認する。その後は徐々に昨年度経験している上級生に指導役として下級生に教える形式に移していく。

● 水やりや草取りのやり方

　水やりは，最初はただ水を撒いて終わりになってしまうため，土の状態を確認し，どれくらい撒けばよいのかを全員で確認する。草取りも同様に，何でも抜いてよいわけでなく，抜いてもよい雑草かどうかを確かめてから抜くことを最初の段階で全体に確認する。

　最初からすべてがうまくいくわけではないが，作業を何度も行っていくうちに，「もっとこのようにしたら手際よく行える」といった子ども自身の気づきが生まれる。一つの方法にこだわらず，学級の実態に合わせ柔軟に取り組んでいきたい。

（米内山康嵩）

健康と安全

交通安全指導

　交通安全指導は，子どもが交通事故等の危険から身を守り続けるために欠くことのできないものである。学校では，地域の警察署と連携して交通安全教室を行うことが多い。そこでは道路の歩き方，交差点の渡り方，危険な場所，自転車の乗り方，防犯についての知識などを子どもが体験的に学ぶ。学校の全教師が立ち会う一斉指導には，子どもに緊張感をもって参加させる。学校行事として行う指導は，子どもの適切な行動と安全意識を高める上で意味がある。

　担任は，子どもが安全に登下校するためにどんなことに気をつけさせるべきか等，交通ルールを守るだけでなく，危険を回避するための行動の仕方も日頃から指導する必要がある。その際，子どもからの情報は適切な交通安全指導を行うため必ず確認したい。

朝の通学班登校で気をつけること	友達との下校で気をつけること
□子どもの通学路の状況・危険箇所の確認	□寄り道をしない（通学路を歩く）
□通学班の集合場所・時刻・通学時間	□飛び出さない　□子ども110番の家
□通学班の班長・担任との連携	□一人で帰らない（異学年の下校を配慮）
・忘れものを一人で取りに帰らない	□「いかのおすし」（防犯標語）を守る
・危険や異変などの連絡	・知らない人について行かない・車に乗らない・
・連絡なしの欠席はすぐに保護者に確認	大声で叫ぶ・すぐ逃げる・知らせる

（磯田登志子）

学校でのけがの防止

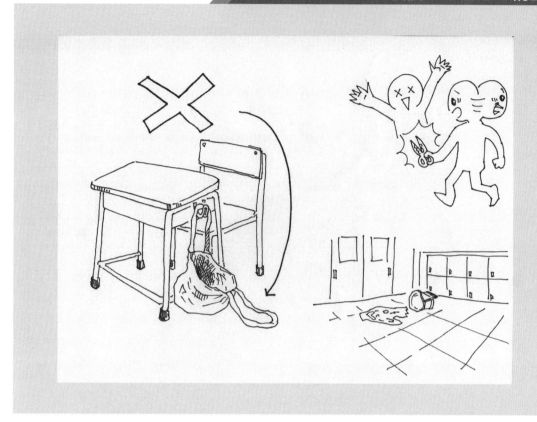

　登校時,保護者がわが子に「いってらっしゃい,気をつけてね」とかける言葉には,今日もけがなく無事に帰ってきてほしいという願いが込められている。学校においても,その保護者の願いに応えるべく,安全な学校生活が送れるよう十分な配慮が必要である。

　ここでは教室内で起こりやすいけがとその防止について考えてみたい。教室を見た状況からどんなけがに結びつくかを予測し,後回しにしない適切な対応を取る必要がある。

　子どもが教室で生活する時に気をつけたいことのチェックリストは次のようである。

けがが起きやすい教室内の状況	予測させるけがと子どもに指導する内容
□ハサミや鉛筆などをもって出歩く	□人と接触し負傷する／転倒しけがをする
□教室のドアを勢いよく開閉する	□ドアに人の体を挟む／指を挟み骨折する
□机の脇に下げる袋物の紐が長い	□床に垂れた紐や袋が足にからみ転倒する
□床にこぼれた水を放置する	□滑って転倒し頭や顔を机に打ち付ける
□ロッカーから荷物が飛び出している	□荷物にぶつかる／落ちた荷物でつまずく
□上履きのかかとを踏んで歩く	□かかとを踏まれて転倒する／人を巻き込む
□手指が隠れた服で道具を使い作業する	□服が絡んで道具でけがをする
□彫刻刀や針は使用後に数を確認しない	□荷物に紛れ込む／人の体を傷つける

(磯田登志子)

学習指導

学習指導案の書き方

7．本時の指導
　(1)本時の目標
　　カレーライスを作る時に必要な材料がわかる。
　(2)個別の実態と目標

	個別の実態	個別の目標	支援の手立て
Aさん	具体物の中から必要な材料を選ぶことができるが、名称を覚えていない。	具体物を見せて「たまねぎ」「にく」の文字カードを提示しながら音声言語を聞き、音声、文字と具体物のマッチングをはかる。	○難聴があり、音声言語を明瞭に聞き分けることが難しいため、教師はFMマイクを使用し、指示には必ず文字提示を併用する。
Bさん	明瞭に発音…	相手に伝わるよう、明瞭に発音…	○正しい発音で復唱して聞かせ…
Cさん	文字表記できるが刺激に反応し…	材料の名称を、文字で正しく書くことができる。TTの補助があれば最後まで…	○成功体験を積ませるため、TTが必要な時的確に補助し…

　(3)本時の展開

学習活動	○個別の支援　※評価規準			準備する物
	Aさん	Bさん	Cさん	
1．本時の学習予定を確認する。	○文字カードを用いて確認する。	○絵カードを並べて確認する	※予定ボードを音読できたか。	予定ボード 文字・絵カード
2．カレーライス作りの紙芝居を見る。	カレーライスを作ることが分かり、調理場を指さす。	これから料理をすることが分かり、「カレー」と言う。※「カレー」を明瞭に話すことができたか。	「買い物だ」と立ち上がろうとする。○T2　そっと肩を押さえて、着席を促す。	紙芝居 文字カード
3．材料を考える。	紙芝居の該当ページを指さす。	「にんにん」と発言。○正しい発音	買い物メモに材料を記入する。	Cさんプリント(買い物メモ)

学習指導案の例

　学習指導案は、教師が子どもの実態を把握し、一人一人が目標を達成するためにどのように授業を進めるかを具体的に記した授業の計画書である。研究授業等では、学習指導案を作成する際に、それを基になされる協議を通して、子ども理解や教材理解が深まり、自己の授業を客観的に見る態度が養われる。学習指導案は、特別支援学級の教師が指導力を向上させていくために必要不可欠なものである。

　特別支援学級の学習指導案には、単元名、単元設定の理由、単元の目標、指導計画等だけでなく、子ども一人一人の実態と、単元における個別の目標を記載するとよい。特別支援学級では、学級集団における子どもたち一人一人の特性を最大限に生かして指導を進める。学習指導案における個別の実態と個別の目標は、一人一人の特性を大切にした指導を行う特別支援学級の授業の基本となる。

　また、学習活動の流れごとに、ティーム・ティーチングの動き、個別の支援方法、個別の評価規準等も記載するとよい。複数の教師が役割分担し、一人一人の実態や目標の違いに応じてどのように支援の手立てを講じて評価をするか、ということが示されると、教師も互いの動きを理解しやすくなる。

(三木信子)

国語の指導

一言作文「ねぇ，きいて」　　絵本を使ってパネルシアターを作り演じているところ

文字もイラストも赤色　　文字もイラストも黄色　　文字もイラストも緑色

ひらがなの勉強のために作った紙芝居。繰り返し唱えて音と文字をマッチング

　国語の授業では，「話すこと・聞くこと」の力を伸ばしたい。よく話せる子どもも，語彙数は乏しいため，言いたいことを繰り返すことが多い。語彙力をつけていくためには，多くの話をさせることも一つの方法である。日々の出来事の話をゆっくり聞き，それを担任が文字にして残すこともよい。それを保護者にも見せ，褒めてもらう。そうすることで，子どもには文字の役割がわかり，文字を書きたくなってくる。文字の学習を始めるチャンスである。

　一言作文「ねぇ，きいて」を毎日のように書く実践を行った。最初は単語の羅列だったが，少しずつ書ける文字が増えていき，徐々に思いを綴るようになっていった。漢字学習は繰り返し書かせるよりも，形を分解して教えるほうが視覚優位の子どもにはわかりやすい。様々な教材があるので，子どもにあったものを探したい。

　読み聞かせも効果的であるが，ただ聞くだけで話を捉えることは難しい。絵本や紙芝居を使い，絵を手がかりに内容を考えさせ，話し合っていく。子どもが興味のもてる絵本を探すことが大切である。毎日一緒に音読をし，覚えるほどに繰り返す。絵や言葉だけではわからないことは劇遊びをして動きを確認する。こうして一つの話を十分楽しんで取り組むこともできる。

　「読むこと・書くこと」の指導も並行して行うことで言葉の力を付けたい。言葉は，自己コントロールの力を付け，自己肯定感を育むために非常に大切である。

（小池えり子）

交流及び共同学習

交流及び共同学習の計画

平成28年4月1日

交流学習に関して5・6組（特別支援学級）からのお願い

本年度、○○人（1年：○人、2年：○人、3年：○人、4年：○人、5年：○人）の子どもが在籍しています。男の子○人、女の子○人です。1年間よろしくお願いします。

○机、ロッカー、下駄箱について
　他の子ども同様、交流学級にも用意してください。名前順に並んでいるものは、5・6組の児童も入れて名前順にしてください。（交流人数が多く、物理的に用意できない場合はお知らせください）

○名簿について
　学級名簿・学年名簿等、保護者や外部に向けて出す場合は、5・6組の児童を名前順に入れて出席番号を抜いたものを使ってください。保健や学籍に関わる名簿については、5・6組の児童を抜いて出席番号を入れたものを使ってください。

○朝会・集会等について
　交流学級に入って一緒に並びます。名前順や背の順に合わせて入れてください。

○配布物について

職員配布用プリント

　交流学習は、4月当初からスタートすることが理想だが、子どもの実態把握に時間がかかる場合は、まずは朝の会の交流だけでも行うようにするとよい。

　交流学習を進めるに当たっては、本人の願いと保護者の希望、交流学級の実態等を見極めた上で、最終的には特別支援学級担任が決定する。新しい環境に不安を抱いている子どもも多いので、慣れるまでは付き添い、学級全体の様子を含めて実態把握を行う。

　始業式までに、次の4点について、交流学級担任と確認するとよい。
　①交流する内容や教科を決める
　②交流学級での座席の場所を決める
　③当番活動や係活動への参加の仕方を決める
　④交流学級の名簿等に確実に名前を入れる

　細かな学習内容については、実態把握ができてから交流学級担任とも相談した上で、具体的な目標を設定する。それを、子どもにわかる表現で伝え、安心して交流学習に臨めるようにすることが大切である。初めのうちは、時間割も決まっていないため、毎日の時間割をきちんと確認することが必要である。持ち物等も、早めに家庭に知らせ、準備してもらうようにする。

（齋藤陽子）

特別支援学級の紹介

掲示板を使った発信
子どもたちがよく通る階段脇の掲示スペースで特別支援学級を紹介する。

　特別支援学級の紹介の対象は，校内の教職員，子ども，保護者，地域と様々である。誰に紹介するのかによって，内容も方法も変わってくる。

　まずは，校内の教職員に子どもの顔と名前を覚えてもらうために，職員室内の出入口等の見えやすいところに，顔写真と氏名を掲示しておく。あわせて，学級だよりを全職員に配布し，特別支援学級や子どもの様子を周知すると理解が深まる。

　次に，交流する通常の学級の保護者に特別支援学級についての理解を促す。計画的に学校説明会や学級保護者会などで特別支援学級の様子を伝えるようにするとよい。特別支援学級の保護者の中には，自分の子どものよさや特性を知ってもらいたいという思いがあり，その場合は交流する学級の初回の保護者会でその場を設ける等も必要になってくる。

　交流する学級の子どもへの紹介の仕方は様々である。学年に応じてわかりやすく説明したり，特別支援学級の活動がわかるような発信を工夫したりするとよい。言葉で説明するよりも，実際に関わる方がより子ども同士の理解が深まるので，その機会を意図的に増やすことが必要である。しかし，中には，特別支援学級に在籍していることをあまり知られたくないと思っている保護者もいるので，特別支援学級や個々に関わる情報を発信する場合は，事前に保護者の了承を得ることが重要である。

(齋藤陽子)

評価

個別の指導計画の作成

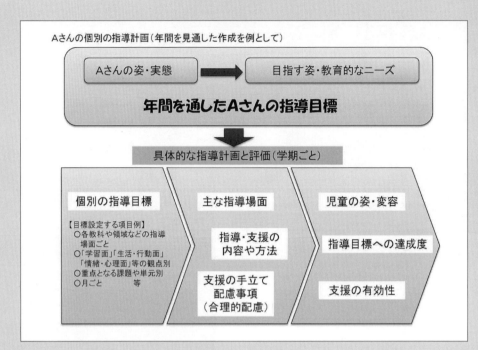

個別の指導計画の基本的な考え方

● 一人一人の教育的ニーズに応えるために

個別の指導計画は，子どもの実態把握を基に，個別の指導目標・指導内容や方法・支援体制・評価等を記載し，作成していく。年間を見通して作成し，学期ごとに見直しや変更等を行うことが多い。個別の指導計画は，個別指導のためだけの指針ではなく，集団で指導を行う際に意図的・効果的な指導を進めていくためにも必要となる。

● 保護者との合意形成と一貫性・継続性のある指導・支援のために

個別の指導計画の作成においては，保護者のニーズや願いを十分に受け止めていくことが大切である。子どもに必要となる「合理的配慮」等も含め，保護者との合意形成を図りながら作成していく。また個別の指導計画の作成は，担任間で情報共有や意見交換を行いながら進めたい。作成した個別の指導計画を基にして，学級として一貫性と継続性のある指導・支援を展開することが何よりも重要である。

● 生きる個別の指導計画にするために

年度当初に完璧な個別の指導計画は作成できない。日々の実践や子どもとの関わりを通して，適切に変容を把握し，目標や指導内容の妥当性を検討していく。そして柔軟に手直ししていくことにより，個別の指導計画の質は高まり，指導に生きる指導計画になっていく。　　　（小島徹）

通知表の検討

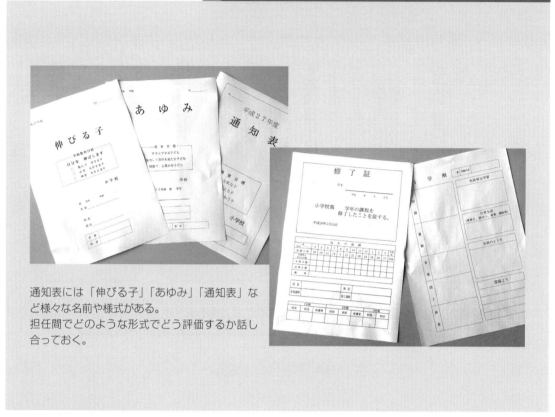

通知表には「伸びる子」「あゆみ」「通知表」など様々な名前や様式がある。
担任間でどのような形式でどう評価するか話し合っておく。

◎ 通知表の役割

　通知表の名称を「あゆみ」としている学校が多い。子どもが努力し，成長していく「歩み」を評価し，伝えるものとして捉えているからである。通知表は単なる評価・評定の記録ではなく，子どもがさらに意欲的に学習活動に取り組んでいくための励みとなるものでありたい。

◎ 通知表の様式と記載

　特別支援学級の通知表の様式は，各学校によって多様であるが，所見だけでなく，教科や領域の様子等も含め，活動内容ごとの記述により記載している学校が多い。「評価」をする場合には，他の子どもとの相対評価ではなく，個別の指導計画と連動させ，「個別目標への到達度」という視点が大切である。その際，具体的にどのように評価するか，担任間で統一した基準を明確にしておく必要がある。その上で様式の在り方を十分に検討して決定していく。

◎ 通知表の取扱い

　現在は，通知表もパソコンによる入力が主となっている。通知表は公簿ではないが公簿に準ずるものであり，個人情報が記載された重要な文書の一つである。入力した電子データ及びプリントアウトした紙ベースの資料は共に個人情報であることから，確実な管理が求められる。

（小島徹）

保護者・関係機関との連携

保護者会の運営

保護者の自己紹介
保護者同士がお互いに知り合いになることは極めて重要。保護者会では、可能な限り保護者の話を聞きたい。

今後の展開を共有
行事の時期とその目的、教材費やその他の徴収金、夏休み等の取り組みなど、一年の流れを大まかに話したい。

学級の様子のお知らせ
子どもの様子が具体的に伝わるような工夫をしたい。実際の教材や授業中の写真などを見てもらうのもよい。

担任の自己紹介
お子さんの担任はこんな人です、ということを伝えよう。

→ 保護者が話しやすくなる雰囲気作りを常に心がけることを忘れずに！

保護者会（第1回）の進め方

　年度最初の第1回保護者会は、担任にとって毎年プレッシャーのかかるものである。それは参加する保護者にとっても同様である。みんなが緊張している初回の保護者会を、リラックスした雰囲気の中で行いたい。「私（たち）はこんな教師です」ということをわかりやすく伝えながら保護者との間に信頼関係が構築できるような運営を心がけていくことが大事である。保護者面談が「担任－保護者」という「個と個の協力関係」を作る場であるとしたら、保護者会は、「担任チーム－保護者の皆さん」という「集団同士の関係性」を確認する場である。保護者は、担任とのつながり、学級の保護者同士のつながりから様々な影響を受ける。担任と保護者がお互いの立場や関係性の中で、役割分担などを含めた適切な連携を図っていきたい。

　第1回の保護者会では、まず担任と保護者のコミュニケーションをしっかり取っていくことを大事にしたい。互いのことを知り合い、協力関係を作っていく中で、学級の方針を明示し、今後の保護者との連携の方向性を確認する。その後の保護者面談や行事の運営、家庭訪問など、家庭と連携していく上での土台づくりにすることが大切である。

（土方恒徳）

関係諸機関との連携

○○中学校　Aさん　援助資源リスト			
自助資源		援助資源	
好きなもの・こと		担任	○○先生
^		部活動 ■■部	△△くん
^		^	□□さん
得意なもの・こと		^	●●先生
嫌いなもの・こと		塾 ▲▲塾	××さん
^		^	◎◎さん
放課後の過ごし方		医療・適応教室など	医院名・主治医
^		^	教室名・担当者

子どもの援助資源チェックリスト
好きなことだけでなく，嫌い・苦手なことも援助資源になりうる。
嫌いや苦手も差支えのない程度に確認しよう。

　特別支援学級の担任が個別の教育支援計画を作成する際，子どもの生育歴や現在関係している医療機関や放課後支援施設などを整理して記録することが必要である。

　関係諸機関との円滑な連携を図るために「個別の援助支援リスト」を作成するとよい。そのリストには上記のように「自助資源」と「援助資源」を記載する。ただし，保護者の中には，医療などの専門機関と連携することに抵抗を感じる方がいるので留意したい。そのため専門機関と連携をする場合には，保護者に対して丁寧かつ納得してもらえる説明をすることが大事である。連携する理由に，担任として「子どもをよく知りたい，よい支援をしたい」という思いを強調する。このことが，保護者の抵抗感を減らすことにつながる。

　担任として大事にしたいことは，子どもの「実態把握」ではなく「子ども理解」という視点である。その二つの言葉の違いにあるのは担任として子どもに向ける温かい気持ちである。関係諸機関と連携する際もそのような姿勢をもって行うことを忘れないようにしたい。（土方恒徳）

6月 健康管理や気持ちのコントロール

今月のTODO

学級事務
- 教科用図書の選定

子ども理解と仲間づくり
- 宿泊学習に向けた集団行動
- 遊びの指導

環境づくり
- 梅雨時の掲示
- 図工等の作品の掲示

健康と安全
- 雨天時の過ごし方
- 水泳学習への準備

学習指導
- 算数・数学の指導
- 水泳学習

交流及び共同学習
- 運動会への参加
- 宿泊学習の計画

評価
- 個別の教育支援計画の作成

保護者・関係機関との連携
- 授業参観の持ち方
- 個人面談

 学校生活

　6月に入ると暑さを感じるようになり，湿度の高い梅雨の時期を迎える。外での遊びや体育等も制限があり，思い切って身体を動かすことができずに，気持ちを発散することが難しく，思わぬけがや事故につながってしまうこともある。子どもが自分の健康管理に興味をもったり，自分の気持ちをコントロールしたりする方法も考え，学校生活をさらに充実させていきたい。

 学級経営の勘所

● 校外活動や宿泊行事等の準備

　校外活動や宿泊学習について，じっくりと見直したり，計画的に準備に取りかかったりできるよい時期でもある。特に，特別支援学級で校外活動を行う場合，様々な配慮を必要とする。事前学習として，用意周到な準備が必要であり，生活単元学習や他教科との横断的な学習として計画的に実施する。

● 水泳指導に向けた準備

　水泳指導も始まる時期である。水泳指導が始まる前に，家庭と連携した健康状態の詳細な把

握，水に入る前の健康上の細かな準備，水泳指導における教師の指導体制，一人一人の到達度など，陸上での活動以上に配慮を行う必要がある。

● 健康管理

梅雨時ならではの健康管理に気をつけたい。子どもの様子をよく把握し，体温調節につながる衣服の調節についての管理や，熱中症対策としての飲料水の摂取の仕方，食物への安全面から手洗いなどの衛生面への関心を高めることなど，繰り返し指導する。

● 地域との連携

特別支援学級の子どもも地域と大いに関わらせたい。家庭と学校以外に居場所を作るとともに，地域の一員であることの自覚も促したい。地域の施設を活用したり，ゲストティーチャーとして地域の方に指導したりしてもらうなど，地域の特徴を生かした活動を実施する。

● 評価についての準備

長期休みの前には，子ども本人や家庭に対して，成長した過程を知らせるため，学習の評価を行う。評価は教師自身にとっても，設定した目標に到達したかどうかの指標となる。子ども自身の励みとなるもの，保護者にわかりやすく伝わるもの，指導の改善に生かせるものとして適切な評価を行えるよう準備する。

● 教育課程に基づいた教科書採択に向けた準備

次年度の教科書の採択について考える時期となる。特別支援学級の教科書採択の手順や意義をよく理解し，教育課程に沿い，子どもの状態に合ったものを採択する。

 仕事の勘所

季節としては，健康面で配慮が必要な時期となる。また，長期休業に向けた準備，指導についての評価の準備等が必要となってくる。

本格的な暑さに対する準備や梅雨時に対する健康面での指導については，特に，この時期には重要な配慮事項の一つである。食中毒や熱中症等に対する保健指導をより丁寧に行うとともに，日常の生活においても給食や休み時間を過ごす場所等の点検，家庭生活での配慮事項等も徹底しておきたい。夏休みの過ごし方等も視野に入れ，家庭での過ごし方についても子どもが意識するよう促したり，家庭でも配慮することを伝えたりしていくことも大切である。

また，1学期終了（2期制の学校では，長期休みの前）とともに，一つの区切りとして，子どもやその家庭に対し評価を渡す。特別支援学級における評価は，個別の指導計画を基にした評価となる。年度計画にある評価方法や内容を確認しながら，子どもや家庭が評価を見て励みとなるものとするために，十分な準備を行いたい。行った評価は，担任の指導の成果でもあり，目標に到達していない場合は，次の到達目標を変えていかなければならない。特別支援学級では，複数の教師で指導したり，介助員や支援員も学級内に配置されている場合もあるので，早い時期から情報を整理し，計画的に評価を行っていくことが大切である。

（山中ともえ）

学級事務

教科用図書の選定

```
特別支援学校知的障害者用（☆本）
小学部用 「こくご☆」「こくご☆☆」「こくご☆☆☆」
         「さんすう☆」「さんすう☆☆（1）（2）」「さんすう☆☆☆」
         「おんがく☆」「おんがく☆☆」「おんがく☆☆☆」
中学部用 「国語☆☆☆☆」「数学☆☆☆☆」「音楽☆☆☆☆」
```

　特別支援学級で使用する教科用図書は，学校教育法附則第9条で，文部科学大臣の定めるところにより，文部科学省検定済教科書又は文部科学省著作教科書以外の一般図書を使用することができる旨が，規定されている。文部科学省著作教科書には，特別支援学校小・中学部視覚障害者用の点字版教科書，特別支援学校小・中学部聴覚障害者用の言語指導や音楽の教科書，特別支援学校小・中学部知的障害者用の国語，算数，音楽の教科書があり，知的障害者用は，小学部で3段階，中学部で1段階に分かれており，それぞれの段階を☆の数で示していることから，いわゆる「☆本」（ほし本）と呼ばれている。

　さらに，障害の状態により，文部科学省著作教科書の使用が適当でない場合，一般図書を使用する。その際各自治体において，一般用図書を選択するに当たっての資料等が作成されているので，次の点に留意しながら，十分に検討して採択したい。

①障害の程度や能力，特性等にふさわしい内容（文字，表現，挿絵，取り扱う題材等）であること。
②可能な限り系統的に編集されており，教科の目標に沿うものであること。
③上学年で使用する教科書との関連性を考慮し，採択する図書の系統性にも配慮すること。
④小学校であれば6年間，中学校であれば3年間を見通した意図的・計画的なものとすること。

(高橋浩平)

子ども理解と仲間づくり

宿泊学習に向けた集団行動

　小学校の宿泊学習は，1年生からすべての子どもが参加している学級と一定の学年以上の子どもが参加している学級とがある。どちらも一人一人の実態に応じた宿泊学習の目標を設定することが大切である。初めて参加する子どもに対して学校では見られない部分が多いため，十分に実態把握をしたい。

　4年生以上が参加する宿泊学習における学年別の目標例は次の通りである。

　　4年生：できるだけ自分のことを行い楽しい3日間を過ごす。
　　5年生：見通しをもって自分のことを行い，充実感をもって3日間を過ごす。
　　6年生：下級生に声をかけるなど自己有用感をもって3日間を過ごす。

　事前学習としては，学校に荷物を置いておく期間を設定し，場面に応じて必要な荷物を準備したり，日程や内容を具体的に把握する学習を通じたりして，見通しを立たせることが大切である。当日は子どもの行動をできるだけ予測し，余裕をもって迎えられるようにしたい。4年生には時程に遅れないで行動すること，5・6年生には初めて参加する4年生に声をかけることを求めるとともに，参加する他の学級に合わせた行動を取ることも意識させたい。

　そのために，各係にリーダーを置いたり，男子リーダー，女子リーダーの他に学級リーダーを設定するなどして，多くの子どもに役割を与えることが有効である。

（小島久昌）

遊びの指導

　「遊び」を指導として取り上げる際には，休み時間等の遊びへの広がりを考えることが大切である。特に特別支援学級内での友達関係づくり，通常の学級との交流を深める手立てとして遊びの仕方を指導する視点をもちたい。

● 屋内での遊び
　雨天時の休み時間は学校全体が室内遊びとなる。通常の学級と比較して特別支援学級の教室はスペースが広かったり，遊具が整っていたりするため，雨天時には特別支援学級に遊びに来てもよいということを校内に広めることも一つの方法である。雨天時の屋内遊びで，通常の学級の子どもとの交流を多くし，遊びの指導を展開することが可能となる。

● 屋外での遊び
　校庭等での遊びは，多くの通常の学級の子どもと特別支援学級内の子どもが関わることができる。例えば特別支援学級の子がドッジボール遊びをしているのを見て，通常の学級の子どもが参加したいと希望してくることもあり，交流を広めるチャンスになる。
　休み時間は，子どもにとって自分の好きなことができる時間である。休み時間に自分の気持ちを解放させて次の時間に取り組む気持ちを整える子どもも多くいる。そのような場であることを考慮しながらも，遊びの指導を通して，仲間との関わりを促したい。

(小島久昌)

環境づくり

梅雨時の掲示

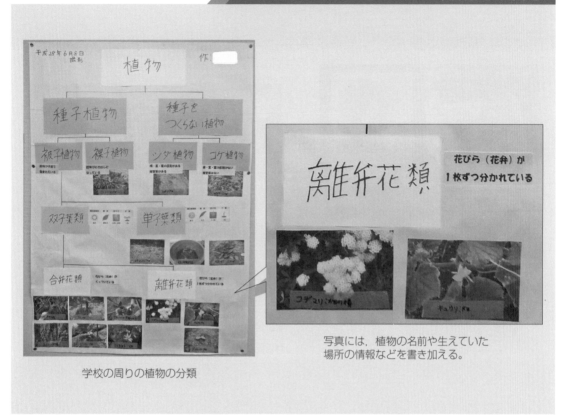

学校の周りの植物の分類

写真には，植物の名前や生えていた場所の情報などを書き加える。

　６月の掲示物として，中学校特別支援学級の例として「学校のまわりの植物」を紹介する。学校の敷地内や近所の植物の写真を子どもと一緒に撮る。撮ってきた植物の写真をプリントアウトし，１枚の模造紙にまとめていく。季節を感じたり，身のまわりの自然に関心をもたせたりするきっかけにもなる。

　理科の「植物の仲間分け」と関連させ，学習したすべての分類の植物を見つけ，その分類に従い整理する。植物の種類の名前と，その植物が生えていた場所もあわせて記録し，どの場所にどんな植物が生えているかをわかるようにする。

　図鑑やインターネットを使って，自分が撮影した植物について調べさせる。植物の生態について詳しくまとめることにつながる。発展として，自分が気になる植物を写真に撮って模造紙にまとめさせてもよい。さらに，調べる対象を植物に限定せず，動物や昆虫などに広げていくこともできる。子どもの実態によっては，模造紙にまとめるのではなく，パソコンを使ってまとめさせてもよい。

(田近健太)

図工等の作品の掲示

子どものコラージュ作品。子ども自身が背景の画用紙も選択した。

ドリームカード

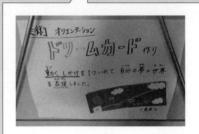

作品の近くに、説明も一緒に掲示する。

　小学校の図工，中学校の美術の学習では，特別支援学級の子どもたちがもっている豊かな表現力，想像力が育まれる時間である。ぜひ，できあがった作品のよさが際立つような掲示を工夫したい。「コラージュ」と「ドリームカード作り」の授業での作品づくりと作品の掲示の仕方について紹介する。

●「コラージュ」の作品掲示

　雑誌や写真の中から色々な形を切り取る。絵の具を塗った白い画用紙の上に，切ったものを好きなように置いて貼る。この作品だけでも十分であるが，それに好きな色の台紙を選択させることで，さらに個性が現れ，掲示板に展示する時もやりやすくなる。

●「ドリームカード作り」

　折りたたみのカードに，ひもで動く仕掛けを一つ入れて，夢の世界を完成させる。写真は，空を鳥が飛ぶ様子を仕掛けで表現している。

　作品を掲示する際に，題材名やどのようなテーマで作品を作ったのか等の説明を，展示のそばに置くと見る人だけではなく，作った子ども自身も振り返りがしやすくなる。学校や地区，あるいは地域内の特別支援学級が合同で展覧会を開催する場合もある。そのような会に向けた作品づくりと合わせて掲示する計画を立てておくのもよい。

(山田明夏)

健康と安全

雨天時の過ごし方

　雨の日だからこそ子どもたちが快適に過ごせる教室にしたい。雨に降られて登校する子どもの安全に注意することや，教室でできる子どもなりに楽しめる活動を考えること等を配慮したい。

　雨天時，濡れた靴下がひっかかりつまずく，濡れた床で転ぶ，傘を畳む時に顔や目を負傷するなど，登校後のけがを未然に防止するために，雨で濡れて登校した子どもを昇降口で迎えたい。雨が予想される時は，昇降口に足ふきマットや雑巾等を準備しておくなど，学校として配慮したい。家庭に協力を得て着替えやタオルを教室に常備しておくのもよい。下痢や嘔吐など体調が悪い時にも使うことができる。濡れた靴下や靴に新聞紙を詰め替えて水気を取るなど生活の知恵を伝えるのもよいと思う。

　快適に過ごすために，子どもと一緒に行う室内遊びを工夫したい。風船バレー，宝さがし，ジェンガ，的あて，ビー玉ボーリング，双六などはペアやチームを組んで行うのも楽しい。仲間の失敗をカバーしたり，互いに声をかけ合ったりして人と関わる力が育つ。

　教室環境はそこで生活する子どもと担任が共同で作り出していくものである。雨の日は，湿りがちな体と心を少しでも快適に過ごせる教室にしたい。

(磯田登志子)

水泳学習への準備

　水泳学習は，時に命に関わる事故につながる危険がある。子どもの健康状態を把握し安全に水泳学習ができるようにしたい。

　子どもの健康状態を把握するには保健室と連携して保護者に確認する。特にてんかん，心臓病，呼吸器疾患がある場合は主治医の診断書を基に，学校医と保護者を交え相談をする必要がある。

　プールに入る前に行う配慮に，体のケアがある。耳垢を取る，手足の爪を切る，体の外傷を確認する等である。また，長い髪を縛る，タオルを巻いて水着を着脱する，濡れた衣服の始末をする等も自分で準備を行う学習として大切である。これは目的に応じて準備を考える力を育てることにつながるからである。

　水泳学習の約束は目と動作で確認すると子どもに伝わりやすい。全体指導をする際は，教師の声を妨げず，個別に注意を促す配慮が大事である。通常の学級の子どもと一緒に行う水泳学習では事前に学年全体の理解を得て，一斉指導の中で個別に指導する。担任は，特別支援学級の子どもだけでなく全体の動きに目を向けることも大切である。いろいろな子どもの動きをヒントに指導を改善していく必要がある。

　一斉指導が苦手な子どもの中には緊張から思わぬけがをすることがある。安全に水泳学習ができるように職員一人一人が役割を自覚しチームで指導することが大切である。　　　（磯田登志子）

学習指導

算数・数学の指導

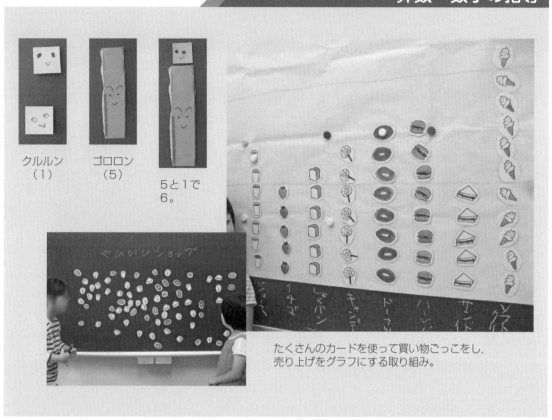

たくさんのカードを使って買い物ごっこをし，売り上げをグラフにする取組み。

　小学校・算数において大切なのは，数量認識を育て数学的な考え方を育てる取組である。通常の学級の子どもは，小学校入学前に遊びの中で数量認識の基礎的な力を付けているが，特別支援学級では，数の概念が身に付いていない子どももいる。まずは，遊びの中でグループ分けや多い少ないという数量認識を育てる必要がある。算数には欠かせない1対1対応という考え方は，生活の中で繰り返し経験させる。その上で半具体物（タイル）へ移行していく。写真はタイルに目と口を書き加えて，子どもに親しまれるように「クルルン」という名前を付け工夫したものである。数えるのではなく数をまとまりで捉えさせるためにも，タイルに親しむことは一つの方法である。また，特別支援学級では，10のまとまりを一目見て捉えることは難しい子どもが多い。そこで5個ずつまとめ，5のまとまりを作る方法で指導するとわかりやすい。5の合成分解を理解すれば比較的容易に10を理解することができ，さらにタイルを使うことで繰り上がり繰り下がりも理解しやすい。

　また，加減乗除や分数・小数などの考え方の理解も大切である。例えば，紙芝居などを使って生活と結び付けた話の中で，具体的に加減乗除の意味を理解するような取組も工夫したい。算数・数学の授業を通し，場面を整理して考える力を付けていくことが求められる。

【参考図書】『算数の授業を作る』杉山敏夫著　群青社　　　　　　　　　　　　　　　（小池えり子）

水泳学習

ポイント
・プールでの約束を徹底する
・無理に泳がせようとしない
・着替えなども大切な指導である

　水泳は子どもの大好きな活動の一つで，運動量も多く，暑い季節の体育の題材に適している。ここでは，子どもが水泳学習を楽しむためのポイントを紹介する。

● **プールでの約束を徹底する**：水泳学習を充実したものにするためには，陸上の活動と異なった安全面の配慮が重要である。一人の子どもが勝手にプールへ飛び込んだら，他の子どもたちも勝手に行動し始めることも予想される。合図があるまで座って待つ，ホイッスルの合図ですぐにプールから上がるなど，活動を始める前にプールでの約束を徹底したい。

● **無理に泳がせようとしない**：プールでの活動は，楽しみな反面，不安感も大きい。教師としては水遊びから早く泳ぐ指導につなげたくなるところだが，子どもは怖い思いを経験すると，払拭するのに時間がかかる。最初は，水遊びでも運動量が多いので，遊び方をいくつか用意して水遊びを十分に楽しませたい。遊びを通して，潜ったり，浮いたりできるようになってから，泳ぐ指導を始めるようにしたい。

● **着替えなども大切な指導である**：プールの準備や事後指導として，裸を見せないように着替えたり，うがいや目を洗ったりすることは，大切な指導内容なので，丁寧に取り組ませたい。また，男女が別れて着替えをすることから，性差について指導する機会としたい。

(堀口潤一郎)

交流及び共同学習

運動会への参加

運動会にスムーズに参加ができるよう，事前に保護者とも相談しながら準備を進める。

　運動会は，通常の学級と一緒に行う大きな行事であるため，担任にとって期待や悩みも大きい。運動が得意だからといって，運動会にスムーズに参加できるとは限らない。どのような形で競技や演技に参加するか，本人だけではなく，保護者とも事前にしっかりと相談しておくことが大切である。

　いつもと違う時間割，天候に左右される活動，長時間にわたる練習など，普段以上に子どもにかかる負荷が多い。このことを念頭に置き，日々のスケジュールを立てることが必要である。

　運動会のプログラムの中でも団体演技への取組には，細やかな支援が必要となる。まずは，その演技に早く慣れるように，使われる楽曲をCDにして家庭に渡し，家でもかけてもらい，楽曲に対する抵抗を減らすようにする。演技の練習に参加できない場合は，初めは遠くから見学してもよいことを伝え，徐々に距離を近づけていく。子どもの身体が動く瞬間を見逃さず，輪の中へ促すことができればよい。その後は，クラスで個別練習を積んだり，練習風景のDVDを家で見たりすることで，精度を上げていく。完璧を求めるのではなく，子どもの目指すゴールがわかるように具体化して伝え，達成度を一緒に確認していくと，意欲の持続にもつながる。

　場合によっては，当日も担任が付き添うことが考えられる。そのような場合は，あらかじめ保護者の了承を得ておくことが必要である。

（齋藤陽子）

宿泊学習の計画

買い物学習と結びつけた指導

　宿泊学習は，日常の学校生活とは異なる活動になるため，不安を軽減し見通しをもって取り組めるようにすることが大切である。まずは，担任が宿泊学習での活動の流れや施設の構造などを把握しておくことが大切である。通常の学級と一緒に行う場合は，すべて通常の学級と同じ行動をとるのか，別の活動をすることもあるのかも含めて，事前に下見をしっかりと行い，打ち合わせをし計画を立てる。下見では学級での事前学習で活用するために，写真やビデオを撮っておく必要がある。

　宿泊に向けた準備はたくさんあるので，見通しをもって計画を立てることが大切である。①行程・持ち物・費用の確認，②子どもの役割分担，③グループ分け，部屋割，④自由時間の活動内容の決定（晴天時・雨天時），⑤保護者向けおたよりの作成（参加承諾書，健康調査票，アレルギー調査票等），⑥しおりの作成（子ども用・教師用），⑦引率者打ち合わせなどがある。

　他にも，宿泊説明会を行ったり，荷物の事前点検を行ったり，買物学習と結びつけておやつを買いに行ったりするなど，様々な活動が考えられる。有意義な宿泊学習になるように，特別支援学級の実態に応じて工夫するとよい。

　　　　　　　　　　　　　　　　　　　　　　　　　　　　　　　　　　　　（齋藤陽子）

評価

個別の教育支援計画の作成

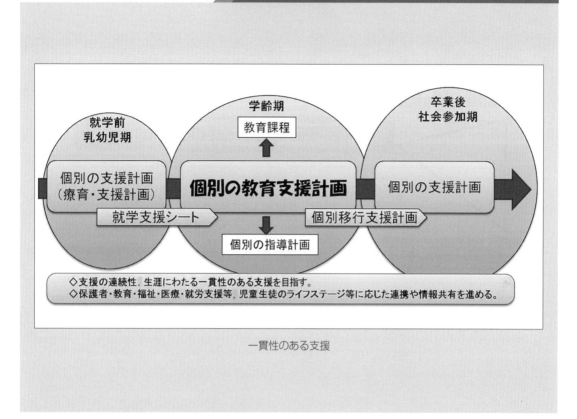

一貫性のある支援

◉ 切れ目のない一貫性のある支援を願って

　障害のある子どもにとって，学校生活だけでなく，家庭や地域での生活，医療や福祉との関わりを含め，長期的な視点で幼児期から学校卒業後まで切れ目のない，一貫性のある支援が重要である。その実現のために，様々な側面から関係機関の取組の計画を示し，支援を記載していくものが個別の教育支援計画である。

◉ 保護者との共同作業

　個別の教育支援計画の作成は，本人及び保護者と一緒に進めていくことが大切である。願いや期待を受け止め，支援や連携に必要な情報を得ながら作成していく。共同で進めていくことで，保護者の安心感や期待感が高まり，よりよい連携・協力体制も構築される。

◉ 作成の手順

　保護者からの情報や子どもの実態を基にして，支援の目標や方策，支援機関との連携状況，支援会議等の経過，支援の成果と課題，引き継ぎ事項等について記載をしていく。すでに作成されている場合は，追加事項や変更，修正事項を記載していく。作成年度や担任名・担当者等も忘れずに記入しておく。作成した個別の教育支援計画については，保護者による確認と了解を得る必要がある。

（小島徹）

保護者・関係機関との連携

授業参観の持ち方

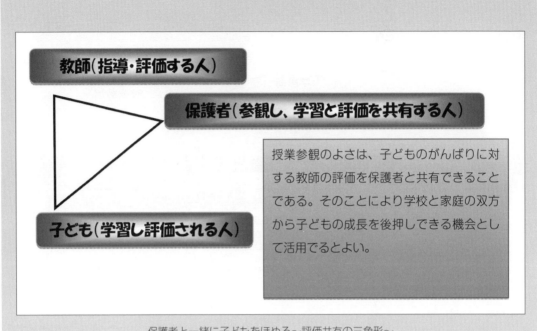

保護者と一緒に子どもをほめる〜評価共有の三角形〜

　授業参観では，クラスで行われている学習活動を，なるべく多岐に参観できるようにしたい。体育や音楽の一斉指導でみんなと一緒にダイナミックに活動する様子や，国語や算数・数学などの少人数グループでの丁寧に学ぶ姿，ペアワークや話し合い活動などで自主的・主体的に学習に取り組む姿，作業学習で手順を守って黙々と作業に取り組む姿など，特別支援学級には，保護者と共有したい学びの姿がたくさんある。それらのすべてを一日で，とはいかないが，年間に複数設定されている授業参観の中で，なるべく多くの学習活動を計画的に参観できるようにする。様々なグループ構成や多様な学習形態で行われる学習活動の成果と課題は，子どもの「がんばったこと」と「がんばりたいこと」そのものである。授業参観で，保護者の前で一生懸命に頑張った子どもの様子を適切に共有しながら，学校と家庭が足並みを揃えて，学びのPDCAサイクルを回していけるようにしたい。

　卒業生の保護者が当時の授業参観の様子を実に細かく覚えていて，嬉しそうに話してくれることがある。保護者は，授業参観を通して自分の子どもだけでなく，教師の振る舞いも含め，学級全体の雰囲気を見ている。教師にとっては授業参観は緊張の連続だが，保護者にとって，わが子の成長を実感できる絶好の機会であることを心に留めておきたい。

（土方恒徳）

個人面談

1回目の個人面談の流れ

- **保護者の話をじっくり聞く**
  - 家庭の様子
  - 保護者の考え方
- **生徒の現在地点の確認**
  - できていること
  - できるようになりたいこと
- **目標・目的の確認**
  - 短期の目標（学期の目標）
  - 長期の目標（進路や将来）
- **手立ての共有**
  - どのように目標を目指すか
  - どこで「できた」と考えるか

→ 初回は特に前半を大切に。面談を重ねる中で後半部分をじっくり話そう

　特別支援学級における保護者面談は，保護者支援と保護者連携という二つのポイントを意識したい。①子どものよりよい育ちのために保護者を支援すること，②学びを応援するために保護者と連携すること。そのどちらについても，まずは各家庭を理解して対応することが大切である。

　通常の学級と異なり，特別支援学級の子どもたちは，就学相談を経てきている。そのため，保護者面談では，入学するまでの経緯を知り，それらを踏まえて面談をすることが大切である。子どもの情報を交換することに留まらず，家族としての思いをしっかり受けとめる必要がある。

　第1回の保護者との面談では，個別の指導計画や個別の教育支援計画の作成を話題にすることになる。子どもがこれまでに受けてきた支援を共有し，その背後にある保護者の考え，さらには成長の喜びなどの話を踏まえることによって，実りのある計画になっていく。　　　（土方恒徳）

7月 8月 学習のまとめと夏休みに向けて

今月のTODO

学級事務
- 会計報告の作成
- 夏休み関係の事務

子ども理解と仲間づくり
- 夏の生活単元学習を通した仲間づくり
- 夏休み前の生活指導

環境づくり
- 初夏の掲示
- 夏休み中の生き物の飼育

健康と安全
- 気温と衣服の調整
- 夏休み中の健康安全指導

学習指導
- 道徳の指導
- 生活単元学習の指導

交流及び共同学習
- 交流学級とのふれあい
- 夏休み地域行事への参加

評価
- 個別の指導計画の見直し
- 通知表の記入

保護者・関係機関との連携
- 進路相談
- 夏休み中の課題の設定

学校生活

　7月は学習のまとめの期間であるが，子どもたちにとっては暑さや夏休みを前に，少し集中力が落ちる時期になる。7月後半から8月にかけての夏休みは，学校から離れる期間が長いため，その間の学習課題や生活指導，健康安全指導を事前にしっかり行い，子どもが有意義な生活を送れるようにしていくことが大事である。また，家族で出かけたり，地域での行事に参加したりして，様々な体験をすることによって子どもが成長する時期でもある。

学級経営の勘所

● 健康安全の指導

　7・8月は暑さに配慮した健康安全指導をしていかなくてはならない。熱中症に気をつけることはもちろんであるが，光化学スモッグや紫外線への対策も時には必要になってくる。教師が気をつけるだけではなく，日常生活の指導や学級会の中で，子どもたちが自分たちで自分の体を守るための力を付けていく指導をしたい。

◉ 水泳学習

　体育は水泳学習が中心になる。水泳は水の中で全身を使って行う子どもも興味がもてる運動であるが，一つ間違うと命を落とす危険な面もある。教師側としては，①安全についての大人の体制をしっかりとる，②無理強いをして恐怖感を与えない，子ども側には，水泳学習をする前に，①熱を測るなどの健康管理をする，②プールでの約束ごとを守る等を徹底する必要がある。

◉ 夏休みに向けた指導

　生活面では，どうしても生活リズムが乱れがちであり，事前に，夏休みに行われる学校の夏季水泳教室や学習教室等に参加することを勧めたり，地域等で行われるラジオ体操に参加を促したりする。ゲームを長時間やらない等の生活の約束チェック表は，夏休みに入る前からつけるように指導することで，夏休み中も継続する。チェック表をつけることに抵抗を少なくしていきたい。夏休みに入るから何かをするのではなく，普段やっていることを継続して行うようにしていくことが大切である。また，地域等の行事に参加することを普段から促すことも経験を広げる上で大事にしていく。

　学習面では，毎日少しでも学習に向かう時間を維持できるようにする。

仕事の勘所

◉ 個別の指導計画と連動した評価

　7月は3学期制の学校は学習の評価を行う時期であり，2期制の学校でも夏休みに入る前に学習をまとめる時期でもある。日々積み上げてきた指導や支援の記録を基に，子どもの姿や変容を評価する。特別支援学級の場合，複数で子どもを見ていることが多いため，担任が評価を記載するにあたり，関わっている教職員での話し合い等があるとより適切な評価ができる。また通常の学級の通知表とは異なり，個別の指導計画と連動して評価をすることが多いことから，子どもの姿や変容から評価をすることとあわせて，指導や支援の目標や内容，手立て等が妥当であったかどうかも検討し，個別の指導計画の見直しを図っていく。

◉ 夏休み中の課題

　夏休みを有意義に過ごすために学習課題等を出すことになるが，夏休み前に行う保護者会で課題を出すねらいや方法について話をしておくことが大事である。長期休業を負担に感じている保護者もいる中で，子どもにとってどのような課題が適切かを示していくことで子どもが意欲的に取り組めるようになる。

◉ 諸帳簿の整理

　学期末等は諸帳簿を整理する時期でもある。特別支援学級では一人一人に合わせた教材を購入したり，学級内に複数の子どもが在籍したりするため，会計事務が複雑になりやすい。私費会計は準公金として扱われるのでしっかり整理する必要がある。

（川崎勝久）

学級事務

会計報告の作成

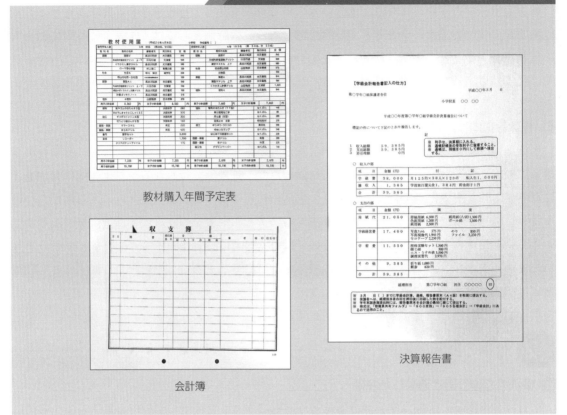

教材購入年間予定表

会計簿

決算報告書

　子ども一人一人の実態に合わせた教材を準備・購入するため，会計処理が煩雑になりやすい。年度末には1年間の会計報告を行うが，保護者からの信頼を得，適切に会計が実施されていることを示すためにも，学期ごとにまとめて報告するとよい。特に，長期休みの時期に，予算の執行状況を確認したり，次学期の予算計画を確認したい。

①教材の注文を行う
　「教材購入年間予定表」を作成し，それを基に注文や支払いを行うことにより，教材の注文や代金の支払いなどを計画的に行うことができる。

②学級費や教材費の清算をする
　教材会社ごとに納品書（支払い請求書）をまとめて保管しておくと，支払いをスムーズに行うことができる。

③会計簿に入力する
　エクセルなどの表計算ソフトを活用することで，正確性が増す。

④会計報告書を作成する
　項目ごとに購入したものを振り分けて入力する。指定期日までに作成し，会計係へ提出する。

（大原太一）

夏休み関係の事務

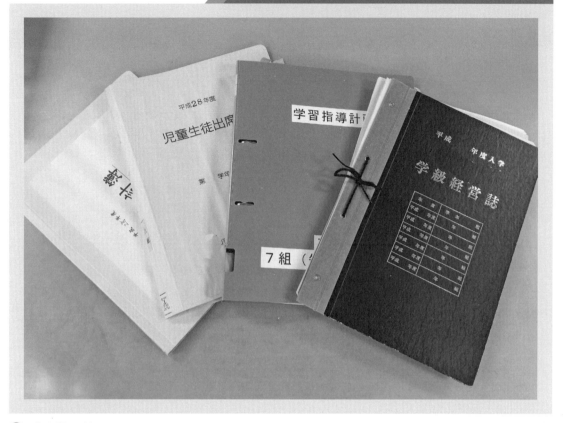

● 諸表簿の整理

①学級経営誌,月案簿,出席簿,会計簿など

夏休みに入ってすぐの提出となるため,計画的に進めておくとよい。

②指導の記録

個人ごとの記録を整理し,2学期の指導方針等を検討するための資料づくりを行う。

③個別の教育支援計画及び個別の指導計画の評価

2期制(前・後期)の場合,夏休みを利用して作成しておくと,業務の軽減につながる。

● 2学期に向けての準備

①課題プリントの準備,作成を行う

国語や算数・数学などのプリントを作成し,整理棚などを利用して学年や実態に分けてストックしておくと,2学期をスムーズに始めることができる。

②じっくりと教材研究をする時間に充てる

③教室環境の整備をする

文房具の補充,机や棚の再配置による教室構造の最適化,掲示物などを行う。

(大原太一)

3章 必ず成功する!〈特別支援学級〉12か月の学級経営 85

子ども理解と仲間づくり

夏の生活単元学習を通した仲間づくり

「夏野菜カレーを作ろう」指導計画

時期	学習活動－学習内容	教科との関連
4月	学習予定を知る－「夏野菜カレー」を作ることを知るとともに1学期間の学習予定の概要を理解する。	特別活動
	学級園で育てる野菜を決める－夏野菜カレーに入れる野菜を話し合って決める。	特別活動・国語
	野菜の種・苗を植える－夏野菜カレーに入れる具の中で学級園で栽培する野菜を決める。	生活科・理科
	野菜の面倒をみる－当番あるいは係活動の一環として水やりをする。	生活科・理科
	－授業の中で,間引きや雑草抜きなどを行う。	生活科・理科
	植物の観察をする－植物の成長を知識として捉えられるように定期的に観察する。	生活科・理科
	野菜の収穫をする－野菜の収穫をする(家庭に持ち帰る)。	生活科・理科
5月 6月 7月	調理の計画を知る－調理の日時や人数,献立を知る。	家庭科・算数
	必要な食材や調理用具を考える－調理に必要な食材や調理用具について学ぶ。	家庭科・算数
	レシピや分担を決める－調理を行うグループで調理手順や分担が明確にわかるレシピを作成する。	家庭科・算数
	野菜の収穫をする－夏野菜カレーに使用する野菜の収穫をする。	生活科・理科
	買い物に行く－必要な食材を近所のスーパーに調理当日の1校時に買いに行く。	算数・社会・国語
	調理をする－レシピに従って,グループごとに調理をし,校長先生を招いて会食する。	家庭科
	学習のまとめをする－学級園での栽培活動も含めて学習のまとめを行う。	生活科・理科・家庭科・国語

　この時期,子どもたちの仲間意識を高める栽培活動や調理学習と関連付けた生活単元学習の単元を設定することが有効である。

　ここでは,生活単元学習として1学期にある程度の時数を確保し,学級園で収穫した夏野菜を使って調理をする単元として「夏野菜カレーを作ろう」を紹介する。

　まず4月にこの単元構想を子どもたちに伝え,どんな野菜を学級園で育てるかを考える活動からスタートする。ここでは特別活動の目標を意識して授業を展開する。

　次は学級園の野菜を栽培する取組である。生活科や理科の目標を意識しながら観察したり,継続して植物の面倒を見たりする。長期間にわたって植物の面倒を見るために,野菜ごとに担当を決めたり,当番制で仕事を担ったりすることで,一つのことに共同して取り組むことを通して仲間意識が高まってくる。収穫する際にも今までの取組を振り返りその尊さに触れる。

　最後の活動は,夏野菜カレーを作る調理学習である。学級園で収穫した野菜を材料として,カレーの具を決めたり,サラダの材料を決めたりする。仕事を分担して調理に取り組むことになるが,その組み合わせを工夫することで,自己有用感を高めたり,協力して作業に取り組む楽しさを実感させたい。

(小島久昌)

夏休み前の生活指導

```
(抜粋版)
                夏休みのきまり
                            ○区立○○小学校
                            ○○○○　学　級

　子供たちが楽しみにしている夏休みが始まります。

┌─────────────────────────────────────┐
│○日頃の学習によって身に付けた能力や態度を、家庭や地│
│　域社会の中で生かすよい機会です。また、自然に親しん│
│　だり、多くの人と交流したりするなど、様々な体験の中│
│　で、自分の思いや願いを実現する喜びを味わうことがで│
│　きるよい機会でもあります。　　　　　　　　　　　　│
│○健康の増進と体力の向上を図るよい機会です。また、一│
│　人一人の子供が自分自身の健康について認識を深めると│
│　ともにすすんで健康管理に努め、自己の体力に応じて身│
│　体を鍛えるよい機会でもあります。　　　　　　　　　│
└─────────────────────────────────────┘

1　規則正しい生活について
　(1)　夏休み中は、生活が不規則になりがちです。…
　(2)　夏休み水泳教室や補習に積極的に参加しましょう。参加
　　　希望日が変更になる場合は、必ず学級に御連絡ください。

2　健康管理について
　(1)　…

3　事故防止について
　(1)　…

4　家庭の協力について
　(1)　…

5　家庭学習について
　(1)　プリント宿題について
　　○保護者の方と相談した内容と量でプリントを出していま
　　　す。
　　○8月後半に慌てて取り組むことのないように、1日○枚
　　　ずつなど計画的に進めましょう。
　　○終わったプリントは、夏休み水泳教室や補習に来る時な
　　　どに提出しましょう。
　(2)　自由工作について

6　地域施設の利用について
　(1)　図書館の利用について
　　○学校図書館を5日間開放しています。貸出もできます。
　　　リーディングアドバイザーが本選びのアドバイスをして
　　　くれます。親子で利用ができます。◇日(◇)は学級の担
　　　任も学校図書館にいます。
　　○1学期に学級で◇◇図書館の利用をし、図書館利用のマ
　　　ナー、本の借り方や返し方、「日本十進分類法（NDC）」
　　　について学習しました。御家庭でも継続的に利用してみ
　　　てください。

7　その他
```

　夏休み前の生活指導は，学校で作成・配布している「夏休みの生活」等の生活指導のプリントを活用する。終業式の日あるいは夏休み前に開催される保護者会の前後の時間を使って，学級全体で一つ一つのきまりを視覚化したり動作化したりして，学級の子どもが十分に理解できるような工夫をする。

　特に重点的に指導をしたい内容として，次の3点がある。

①「学習習慣の維持」

　それぞれの家庭の方針やスケジュールにも寄るところが大きいが，1学期の学習の復習を中心としたプリントを作成し，毎日少しでも机に向かうよう指導する。具体的なプリント枚数については，本人や保護者の意向を聞き作成する。

②「規則正しい生活習慣の維持」

　夏休み中のプール教室や補習学習の出席予定を予め計画するように促す。計画することによって出席する意識を高めることにつながる。

③「図書館の利用の推進」

　学校図書館開放日の利用を促したり，学級で日を決めて利用するよう呼びかけたりする。また，1学期後半に「図書館の利用の仕方」を指導し，地域の図書館の利用も促したい。（小島久昌）

環境づくり

初夏の掲示

※写真を大きめに印刷して、コメントや吹き出しをつける。
パソコンを活用してプレゼン形式で発表会をすることもできる。

　初夏の掲示物として，学期末のまとめの実践として「1学期のベストショット」を紹介する。1学期にいろいろな場面で撮った写真データの中から，自分がベストショットだと思う写真を選び，掲示することで1学期の行事や活動の振り返り学習になる。写真に付けるコメントや吹き出しを考えたり，写真の場面の自分の感想を考えたりすることなどを工夫すると，より振り返りがしやすくなる。

　掲示する写真は，「1学期」という長い期間の中からのベストショットを選んでもよいが，「○月」と月単位で区切ったり，「校外学習」など，期間や行事を限定するとよい。子どもが写真を選ぶ際，自分が写った写真を「ベストショット」とすることが多いが，あえて「自分が写っていなくてもよい」というルールを付け加え，「○○君（友達）のベストショットを探そう」という枠組みを加えることで，友達のよいところを見つけるきっかけづくりにすることができる。

　応用としては，掲示物を作る学習を生かして「1学期の思い出発表会」を設定するとよい。スライド形式で，ベストショットをまとめたり，吹き出しやコメントを付けたりしていくとプレゼンテーション形式で思い出を発表する機会になる。

（田近健太）

夏休み中の生き物の飼育

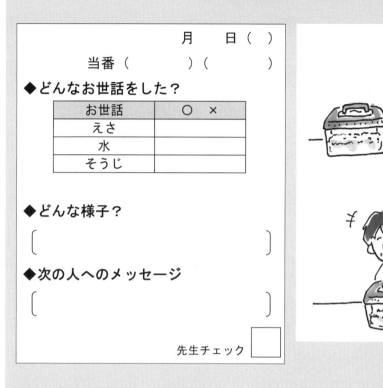

　夏休み，冬休みという長期休業期間も，学級で飼育している生き物の餌やりや掃除は必要である。長期休業期間中に子どもたちを登校させる場合は，できるだけ教師がついて作業できる日を設定する。子どもたちと一緒に生き物の成長を観察し，その様子を話したり文字にしたりすることで，長期休業期間中であっても，十分な学びの場にすることができる。

● 当番日の設定と手順表の作成

　子どもたちの予定等を考慮しながら，当番がだいたい同じ回数になるよう分配する。一人で当番をすることが不安な子どもは，他の子どもとペアにする。当番のために登校したら，どんなことをしたらいいかがわかる手順表を作るとよい。

● 観察記録の作成

　当日の餌やりや掃除が終わったら，成長観察日記を用意し，書き込むようにする。この様式は簡単なものにし，当番内容，与えた餌の量，生き物の様子を簡単に書かせる。次に来る子どもが，前の人が世話した時の様子がわかるように，「次の当番の人へ」という欄を設けるのもよい。「人に伝えたい」という子どもの気持ちを生かして，日記がバトンのようにつながれるよう工夫したい。

(山田明夏)

健康と安全

気温と衣服の調整

　梅雨明けは気温も湿度も高く熱中症の危険がある。また，子どもの健康を暑さだけでなく紫外線対策の面からも考えていく必要がある。

　学校では紫外線の量が多い時間に外遊びや体育を行うことになる。学校生活の中で配慮したい暑さや紫外線への対策を教師間で共有しておきたい。

□帽子を被る（首の後ろが隠れるもの）	□水泳時の紫外線対策と水分補給
□水筒を持って行きこまめに水分補給する	・UVカット機能のゴーグル，シャツ型水着
□休む時は日陰や昇降口で休憩する	・休憩時は日陰で休む（又は帽子を被る）
□猛暑の日は体育の活動内容を変更する	・可能であれば日焼け止めの使用

　家庭生活で子どもが気をつける暑さや紫外線への対策は次のようである。

□日を浴びて皮膚が赤くなる人は遊ぶ時間を工夫する
□日焼け止めや子ども用のUV眼鏡などを使用する

（磯田登志子）

夏休み中の健康安全指導

　長期の夏休み中，子どもがけがや事故なく，そして規則正しい生活を送るための準備をしっかりしておきたい。

　夏休み中の生活リズムを整えるために生活表をつけさせる学級が多いが，その際，次のことに配慮したい。継続してつけることができる，つけやすい生活表を工夫したい。例えば生活表の項目は，起床・就寝時刻とお手伝い，留守番をした日の項目にする。

　起床と就寝時刻は保護者と子どもで相談して決め，1日にするお手伝いを子どもが自分で選ぶようにする。どちらもどれだけできたかの達成率でみるようにする。起床・就寝時刻は夏休み期間中半分できれば銅メダル，6割以上は銀メダル，8割以上は金メダルとしたりして，わかりやすい目標を設定しておく。お手伝いについては，三つのうち二つができればよいとし，何日出来たかで評価できるようにする。夏休みにやりたいことは色々あるが，目標は自分のことと家族のためにすることだけに絞るとよい。

　夏休みは子どもだけで留守番することも多く，安全対策も家庭と考えたい。玄関や窓の施錠，人が来た時の対応，緊急時の連絡先や避難場所等，子どもと一緒に確認してもらう。夏休みはいつも以上に家庭と連携して，子どもが自分でする習慣をつけるとともに健康管理や安全配慮を考えていきたい。

（磯田登志子）

学習指導

道徳の指導

主題名「気持ちのよいあいさつ」
どちらの「ありがとう」気持ちがいいかな？
低学年には具体的でわかりやすい教材を工夫する。

主題名「友達の思いを大切に」
教材名「卓球は四人まで」
　　　　　　　文部科学省　小学校道徳読み物資料
自分の考えや思いも大切にしながら，友達のことを理解し，かかわっていこうとする心情や態度を育てていきたい。
文章だけでは理解が難しいので，挿絵や吹き出しでわかりやすくする。

　道徳の指導について，特別支援学級では日常生活の中でも意識的・意図的に指導されているが，それに加えて道徳の授業の充実を図ることも大切である。道徳の時間を設定することで，道徳的な判断力，心情，実践意欲と態度などをより一層高めていくことができる。道徳の授業では，よりよく生きるための基礎となる道徳性を養うことの意義について，子どもが自ら考え，理解し，主体的に学習に取り組むことができるような指導の工夫を行う必要がある。また，子どもと教師の一対一の関係ではなく，友達の考えを聞いて自己の考えを深めることも大切である。これらの視点から，子どもの特性に応じて具体的な支援をしていく。

　よりよい道徳の授業を考える上で，特に重視したいのは，「教材の工夫」である。身近な題材を取り上げることで，子どもがより主体的に考えることができる。子どもの発達段階に応じて，低学年のうちは，より具体的な内容にする必要がある。また，挿絵や吹き出し等を使って，視覚的にわかりやすく提示したり，個に応じたワークシートを用意したりすることも大切である。授業の中では教師の発問も重要である。時には教師が子ども同士の橋渡しとなり，わかりやすく言い換えたり，発言を促したりすることで，友達の考えを聞いて自己の考えを深めることができる。決して「道徳的価値の押しつけ」にならないよう，あくまでも子どもの考えを引き出し，深めていくような発問を心がけたい。

（塚田倫子）

生活単元学習の指導

大好きなハンバーガー屋さんをテーマに，インターネットでお店の様子を調べたり，商品を制作したりしてお店屋さん遊びをした。最後は，本物のシェークを作って味わったよ。

生活単元学習は，子どもたちが目を輝かせながら自ら調べたり，製作したり，遊んだりする課題解決学習にしたい。ここでは，生活単元学習の指導上のポイントを紹介する。

- **課題意識をもたせる**：生活単元学習を成功させる重要な鍵は，子どもたちにしっかりとした課題意識をもたせることである。日頃からアンテナを高くして，子どもたちの興味・関心についてリサーチしておきたい。
- **多様なアプローチを用意する**：一つの単元に対して，いろいろな取り組み方ができるように準備したい。例えば，お楽しみ会を題材とした場合，飾りを作るだけではなく，ゲームの準備をしたり，お菓子を用意したりするなど，子どもの実態に応じた多様な取組ができるようにする。発達段階の異なる子どもたちでも一緒に学習することができる。
- **個別のねらいを押さえておく**：楽しく活動することを通して，子どもたち一人一人に身に付けさせたいねらいを明確にしておく。個別のねらいを用意することで，発達段階の異なる子どもたちの多様な取り組み方を支えることができる。また，個別のねらいは，単に楽しく活動することだけをねらったものではなく，単元学習の目標と関連させることが大切である。

(堀口潤一郎)

交流及び共同学習

交流学級とのふれあい

交流先のクラスから届いた応援メッセージ
★学しゅうはっぴょう会がんばってね★

特別支援学級の担任が交流先の学級に足を運び，交流先のクラスの様子をとらえておく

　子どもによっては，支援がなくても自然に友達と関わることができる子どももいるが，特別支援学級に在籍する子にはそうでない子どもの方が多い。交流学習がうまくいくかどうかは，担任同士が連携し，適切な支援ができるかどうかにかかっている。

　まず，子ども同士の関わりを深める前に，特別支援学級担任が，交流学級の子どもの様子を把握し，関わりを深めていくことが大切である。事前に交流学級の担任と情報共有をしておく。その上で交流に付き添いながら学級の様子を観察し，交流学級の子との関わりを深める。そのような関わりを続けていく中で，特別支援学級の子どもへの教師の関わり方を示す。このことが，子どもたちの特別支援学級の子どもへの関わり方の手本となる。声かけの仕方，具体的な接し方など，教師がモデルとなることを忘れてはならない。

　担任同士，また，交流学級の子どもとの信頼関係ができると，さまざまなふれあいの場が広がっていく。朝の会の時間に音読劇を披露してくれたり，特別支援学級の宿泊学習の前に応援メッセージを届けてくれたりするなど，温かい関わりが増えてくる。何かの折に子どもの学習を披露したり，お礼の手紙を書いたりするなどすると，相互関係が作りやすくなる。（齋藤陽子）

夏休み地域行事への参加

自治会主催の盆踊りや夏祭り等は学校の教職員も見回りを兼ねて参加するとよい。

　夏休みには，様々な地域行事が催されるが，休業中のため，子どもによって参加の仕方も様々である。基本的には，家庭の考え方に任されることが多いが，地域で交流できるよい機会であるので，積極的に参加することを呼びかけることが大切である。主な行事には，①ラジオ体操，②自治会主催の納涼祭，③地域伝統の祭り，④自治会主催のイベント等がある。ラジオ体操は，学校を通してカードを配布することが多いため，参加も促しやすい。生活リズムが乱れがちな夏休み中にあり，早起きをして運動するよい機会となる。自治会主催の盆踊りや夏祭り等は，学校の教職員も見回りを兼ねて参加するとよい。特別支援学級の子どもたちが地域で祭りを楽しんでいる様子や子ども会の一員として手伝っている姿を見ることができ，学校にいる時とはまた違ったよさを発見できる。

　学校によっては，それらの行事のポスターを子どもたちが描いて，地域に掲示してもらう活動などを行っているところもある。子どもは「地域で育つ，地域で育てる」と言われる昨今なので，学校と地域のつながりを日頃から密にして，参加しやすい体制や子どもへの理解を整えておくことが必要である。

(齋藤陽子)

評価

個別の指導計画の見直し

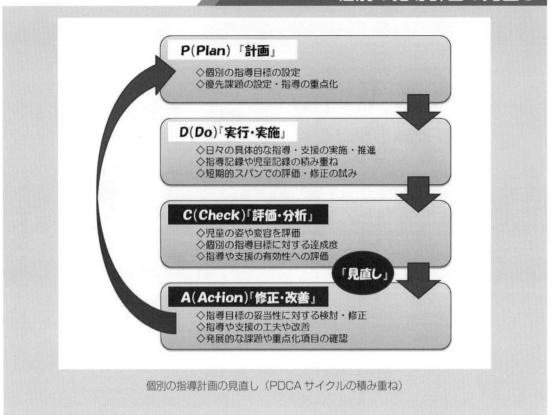

個別の指導計画の見直し（PDCAサイクルの積み重ね）

● 記録の積み重ね

　個別の指導計画の見直しにあたり，行ってきた指導や支援と子どもの変容について，日々記録を積み重ねておくことが重要である。個別の指導目標は妥当であったか，指導や支援の方法は適切であったか，それらを検証し，適切に軌道修正していくためには，感覚や不確かな記憶に頼るのではなく，事実の記録を基にした作業が必要である。

● 担任同士の共同作業

　見直しは，全担任で行いたい。指導経験の差や指導観，子ども観は担任により異なる。同じ指導場面における子どもの姿を取り上げても，見立てや評価が異なることもあるが，それは決してマイナスではない。それぞれの捉え方や考えを出し合うことで，より的確な理解や評価が期待できる。時間をかけて，特別支援学級の担任としてチームワークを発揮したい。

● 個別の指導計画の活用

　見直しの作業を基にして，2学期以降の指導・支援体制や単元の指導計画，教材教具の開発や準備等の充実を図りたい。また，個別の指導計画による評価や見直しの作業は，通知表への記載とも連動していることが重要である。そして，子どもの実態や学校と家庭との連携の在り方等について，保護者と再確認していく機会となるようにしたい。
　　　　　　　　　　　　　　　　　　　　　　　　　　　　　　　　　　　　　（小島徹）

通知表の記入

通知表を手にした子どもや保護者が努力と成長を実感し，次への意欲が高まるようにする。

● 真新しい通知表に願いと期待を込めて

その年度，最初の通知表では，子どもの1学期の頑張りを具体的な姿を通して評価し，伝えていく。通知表を手にした本人と保護者が，努力と成長を実感するとともに，次への意欲が高まるような記載を心がけたい。所見欄に課題として取り組むべきこと，乗り越えてほしいことも記載する場合は，担任としての願いや期待，克服への手立てや見通し等をあわせて伝えるとよい。

● ポイントを捉えた評価・記載

個別の指導計画における指導の目標や重点と関連付けて，どんな場面のどんな姿を取り上げ，評価していくかを吟味する必要がある。個別の指導計画の見直しを通して，修正が必要となった事項は，次学期以降に取り組み，改めて評価を行うようにしたい。

● 評価は担任間で共通理解を図りながら

個別の指導計画と同様に，子どもの評価については，事実の記録を基にしながら話し合い，全担任での共有を図りたい。複数担任体制のよさを生かして進めていく作業である。

● 配慮する点

誤字や脱字には注意し，わかりにくい文章表現も避ける。それぞれが担当する子どもの通知表を記載した後，必ず担任間で相互チェックをする。

(小島徹)

保護者・関係機関との連携

進路相談

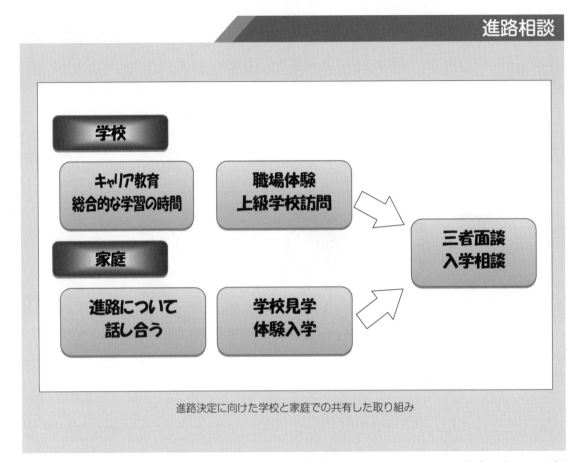

進路決定に向けた学校と家庭での共有した取り組み

　中学校特別支援学級の卒業生の進路先は，年々多様化している。キャリア教育，あるいは個に応じたキャリアデザインの考え方が定着したことで，これまでの進路観を変えていくことも大切である。最近では多くの高等学校や特別支援学校高等部でオープンキャンパス等を積極的に開催し，夏休みには多くの子どもが上級学校の見学や体験に出かけて行くようになってきた。このような現状から，夏休み前には，子どもの進学に向けた意欲を望ましい進路選択につなげるために中学校3年生の子どもや保護者と「進路観」についての共通認識を作っておくことが大切である。

　進路指導をするに当たって，キャリア教育の第一歩として「現在の自分を知る」ことを大切にしたい。地図を頼りに初めての土地を歩く時，目的地がわかっても，今いる場所がわからなければ一歩を踏み出すことはできないように，子どもが未来に向けて踏み出そうとしたとき，自分の現状を自覚させたい。「サッカーが好きだからJリーガーになりたい」という子どもがいた時，夢を否定してしまうのではなく，その気持ちと今実際に取り組んでいることをマッチングさせながら，将来の自分の姿を想像し，そこから逆算して進学先でやりたいことを考えさせたい。そのようにして確立した進路観を，子どもと保護者，そして担任が共有しながら進路先について考えるという取組が夏休み前に必要である。

（土方恒徳）

夏休み中の課題の設定

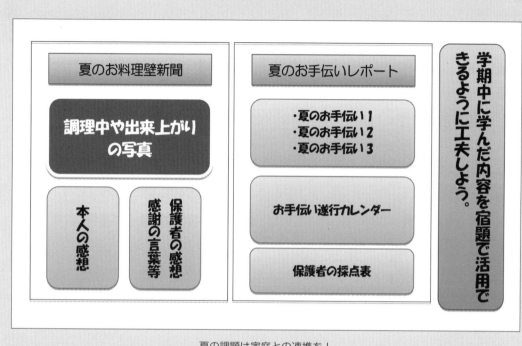

夏の課題は家庭との連携を！

　夏休み前の保護者会では，どの学級でも夏休みの課題の話をするが，担任にとっては子どもの学力の定着と向上を目指して出す宿題であっても，保護者にとっては負担が大きい場合がある。

　そのため，「宿題は自力でやるもの」という当たり前のような条件を保護者と改めて確認することが非常に大切になる。中学校の特別支援学級に在籍する子どもの保護者の中には，通常の学級に在籍していた頃，いろいろと出される漢字プリントや計算ドリルなどの宿題に，子どもと一緒に，あるいは子ども以上に苦しんだ経験をもっている場合もある。宿題を出す際の必須条件としてそのようなつらい経験により生まれた家庭学習に対する忌避感や無力感を感じさせないようにしたい。「とにかく子どもが自力でできること」を伝え，保護者には進捗状況の確認および褒めて励ます担当として頑張ってほしいことを伝えていく。

　長い夏休みを有効に活用することを考え，宿題への重み付けをする方法もある。宿題を，必ずしなければならない宿題・できるだけやる宿題・できたらやる宿題・やったらすごい宿題！に分けて示すと，保護者の方も支援しやすい。お手伝いについても同じく重み付けをし，無理なく，少しでも楽しい気持ちで取り組めるようにする。

（土方恒徳）

9月 2学期のスタート

今月のTODO

学級事務
- 転出入の手続き

子ども理解と仲間づくり
- 夏休み中の生活の把握
- 基本的な生活習慣の指導

環境づくり
- 夏休みの作品展
- 秋の虫の飼育

健康と安全
- 「早寝，早起き，朝ご飯」
- 安全な外遊び
- 安全学習

学習指導
- 自立活動の指導
- 宿題の出し方

交流及び共同学習
- 教科による交流及び共同学習
- 関わりのある授業づくり

保護者・関係機関との連携
- 夏休み明けの保護者連携
- 引き渡し訓練

 学校生活

　夏休みが終わって子どもが学校に戻ってくる。夏休みの余韻を引きずっている子どもをより早く学校生活のペースに戻し，学習を進めていきたい。また，秋に運動会を実施する学校は，運動会練習が始まる。残暑もあるので，体調に気をつけながら進めていく。
　9月は大地震に備えた引き渡し訓練を行う学校が多い。大きな地震等に備えて自分の身の守り方やその後の対応の仕方を身に付けるようにしていく。

 学級経営の勘所

◉ 夏休み明けの指導

　2学期は1年の中で一番長い学期であり，9月はそのスタートの月である。学期のはじめに子どもたちが「これからがんばってやるぞ」という気持ちになるよう，生活，学習リズムを作っていく。教師が夏休みの気持ちを引きずって学級経営にあたることがないようにしたい。
　子どもによっては，長期間学校生活から離れていたことで，夏休み前にできていたこともできなくなっていることがある。一人一人の様子を丁寧に確認し，子どもに合わせた指導を行う

ようにしたい。夏休み前にできていたから休み明けも同じようにできるだろうと考えない。できなくなっていたとしても，やれていたことなので再度の習得は前より早い。夏休み前の生活や学習の様子がわかるような掲示物等を整えておくと，子どもにとっては振り返りやすい。

夏休み明け，子どもは友達や先生と会って学習や活動をすることを楽しみにしている。学校のよさはみんなで活動することにある。学び合い，関わり合いのある学習を多く取り入れていくことも大切である。

◯ 運動会での指導

学校によっては秋に運動会を実施する。その場合，9月から練習が始まるが，まだ残暑が厳しいので，体調面に気をつけていく。体温調節等がうまくできない子もいるので熱中症対策は必要である。運動会の練習時期は，校庭使用等の関係で特別な時間割になり，子どもにとって1日の見通しがもちにくい。朝の会では今日の予定，帰りの会では明日の予定を子どもにわかりやすく示し，見通しがもてるように工夫することが大事である。予定の変更がある場合は早めに子どもに示すようにする。

仕事の勘所

◯ 夏休み作品の展示

夏休みに頑張って作った作品や学習課題については，本人に頑張ったことを評価するとともに，教室や廊下に1か月程度展示しておくとよい。できれば保護者が展示を見られるように参観日等を展示期間に設けるようにする。ただ展示するだけではなく，作品のそばに，頑張ったことや大変だったこと等を記入しておくと，その作品に対して参観者の関心がより高まる。

◯ 防災訓練の指導

9月1日は防災の日である。9月に大きな地震に備えた引き渡し訓練をする学校は多い。引き渡し訓練で大事なことは，大地震時の行動訓練と保護者への引き渡しを適切に行うことである。特別支援学級の子どもの中には，緊急時にパニックを起こす子もいるので，その時の対応の仕方について十分に検討した上で訓練をしていく。引き渡しで大事なことは，保護者以外の人が迎えに来た時に子どもを託してよいか確認できる手立てをしっかりしておくことである。子どもとの関係が確認できる緊急時児童生徒引き渡しカードや保護者証の作成が必要になる。

◯ 基本的生活習慣の指導

1学期から指導してきている基本的生活習慣の指導を，夏休み明けに再度繰り返して指導することが有効である。子どもの中には，できていたことも，休みの間に忘れてしまったり，あいまいになってしまったりすることがある。登校する時にハンカチ・ティッシュをポケットに入れてくることや，朝の提出物の出し方，荷物の整理方法等を確認し，しっかりできるようにしていくことが2学期のスタートをするに当たって大事になってくる。

(川崎勝久)

学級事務

転出入の手続き

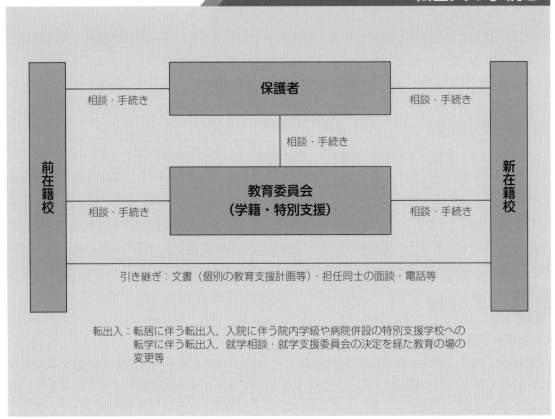

転出入に当たっては、いくつかのケースが考えられる。転居に伴う転出入、入院に伴う院内学級や病院併設の特別支援学校への転学に伴う転出入、就学相談や就学支援委員会の決定を経た教育の場の変更等である。

　特別支援学級に在籍する子どもの転居に伴う転出入の場合、教育委員会の特別支援教育担当部署への連絡にも留意したい。転居先でも特別支援学級での指導が必要である場合、保護者は転居先の教育委員会で相談を受け、手続きを行う必要がある。また、子どもの転学先の学校でなるべく早く障害の状態に配慮した指導が受けられるよう、保護者の了解を得て、個別の教育支援計画や個別の指導計画等により伝えることも大切である。送り出す学校と受け入れる学校とでの引き継ぎがポイントとなる。

　入院に伴う病院内学級等への転学に際しては、医療機関とも十分に連携を図り手続きを行う。具体的な転学手続きに関しては、病院内学級等に相談して行う。子どもの入退院に伴う不安を軽減するために、引き継ぎを丁寧に行い、退院時には医療上の注意その他配慮事項についての情報交換を行うことが大切である。

　教育の場の変更の場合は、本人・保護者の思いを尊重し、十分な相談を重ねながら手続きを行うとともに、それ以前の教育機関との情報の引き継ぎを行いたい。

（齋藤道美）

子ども理解と仲間づくり

夏休み中の生活の把握

　夏休み中の子どもの生活について把握する際に，夏休み中の生活記録に関する指導とともに万が一の病気やけが，事故になった場合の学校全体への緊急連絡方法の周知をしたい。2学期の指導に生かす夏休み中の生活記録については，次の「一言日記」や「絵日記」などを宿題として設定する方法がある。緊急連絡に関しては，保護者会などで確実に知らせたい。

●「一言日記」

　夏休みの約40日間を画用紙2枚程度の「一言日記」に記入する宿題を出すのもよい。1日の中で一つの出来事について事実の記録をつける日記である。夏休みに毎日手伝いをすることにして，その日々のチェック欄を設けることも有効である。

●「絵日記」

　「絵日記」として，画用紙の上部を絵を書く部分，下部を文章を書く部分に分けるなどした用紙を配布する。例えば5枚の用紙を配布し3枚以上の提出を促すなどのように取り組むとよい。上半分は，絵だけでなく，利用した施設のチケットやスナップ写真等を貼ることも促すと，見る楽しみが倍増する。2学期当初の国語の時間で，これらを発表する時間を設定するとともに掲示していく。

（小島久昌）

基本的な生活習慣の指導

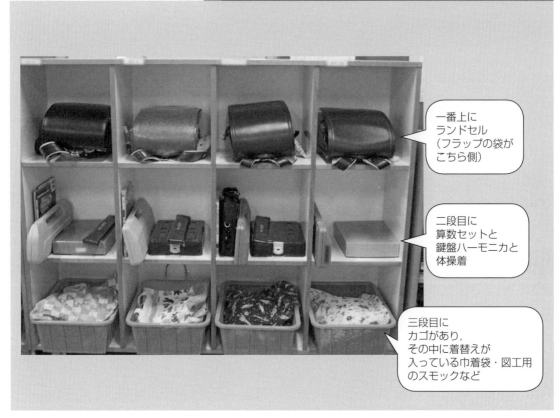

長期の夏休みが終わり，2学期末までに身に付いていた基本的な生活習慣が逆戻りになってしまう子どもも多い。次の3点に留意して指導していきたい。

①持ち物の確認
ハンカチ・ティッシュをポケットに入れて登校しているかを係活動等を利用して毎日確認する。

②持ち物の整理整頓
朝の提出物をきちんと決められた場所に入れているか，ロッカーの中が整理整頓されているか，下駄箱の靴を整えて入れているか，体育着をきちんと畳んで体育着袋に入れているか等を確認する。特別な時間を設けるのではなく，それをすべき直後に個別に声をかけたり，学級の実態によっては全体に声をかけたりする。

③保健習慣の確認
登校後や休み時間直後のうがいや手洗い，給食後の歯磨きなどについても，それをすべき直後に個別に声をかけ，確認することが有効である。

子どもの様子にもよるが，毎日多くの項目について確認するのではなく，重点項目を決めて数日間続けて指導し，徹底させることが有効である。

(小島久昌)

環境づくり

夏休みの作品展

刺し子布巾に取り組んだ子どもの作品。壁に貼ると見やすい。

大きな作品も壁に寄せて置く。割れ物等の作品は置き場所を工夫する。

　夏休み期間中，自由研究を子どもたちに課題として与える学級も多い。作品には，子どもたちの興味，関心，得意なことが表れ，興味深い。作品は，工作でもよいし，調べ学習でもよい。その子どもの発達段階，器用さなどを考慮して評価することが大切である。例えば，市販のプラモデルをもってきたとしても，その子どもの取り組もうとした意欲そのものを評価したい。

　夏休みが終わったら，子どもたちが作品をもって登校するので，1か月ほどの期間，廊下や決められた教室に展示しておく。期間は，保護者の方が見に来られる参観日の時まで展示するようにするとよい。調べ学習の掲示物は，壁の掲示板に貼るか，移動式パネル等を用いて掲示する。できるだけ多くの人が目にする場所に展示する。

　ただ展示するだけではなく，作品のそばに「作品紹介カード」を書かせるとよい。カードをもとにして，作品を見た人が子どもに声をかけてくれることがある。カードの内容は「作品名」「がんばったこと」「大変だったところ」等の項目にして，簡単な内容にすると全員で取り組みやすい。

(山田明夏)

秋の虫の飼育

枝や木の板
土は消毒済のもの

　秋は，コオロギ，鈴虫など，音色を楽しめる虫が多い。「秋といえば」で挙がるような虫を選んで飼育するとよい。秋の虫を飼育し始める前に，季節ごとに虫を分類して学習すると，季節を意識することにもつながる。

　まず，中の様子が見えるように，プラスチックの飼育箱やガラス瓶に入れる。その中に消毒済みの土を入れる。虫ができるだけ飼育箱の中でも自然に近い様子でいられるように，木の枝や板などを見つけて入れるようにする。飼育箱の置き場所は，暗くて涼しい場所がよい。

　音色を楽しむためには，周囲が静かな方がよい。教室内に置いておくのもよいが，普段子どもたちが使わない静かな部屋にあえて置いておき，その部屋に行く時は静かに入って様子を観察するなど，ルールを決めるのもいい。

　餌としてきゅうりやなすなどの野菜を好む虫も多いので，学校や学級で育てている野菜を餌として与えることで，授業との関連も出てくる。

　音色を楽しめるのは秋の10月頃までなので，飼い始めの時期なども計画性をもって取り組みたい。学級行事として「秋の虫 鑑賞会」等のイベントを行い，みんなで暗くした部屋で静かに虫が鳴き出すのを待つのも面白い。

（山田明夏）

健康と安全

「早寝，早起き，朝ご飯」

子どもの体にとって「早寝，早起き，朝ご飯」は大切な生活リズムである。夏休み明けは，学校生活のリズムを，地道に根気強く取り戻すことに力を入れたい。ここでは生活表「さあ動かそう！ 体のスイッチ」を用いた生活改善の取組を紹介する。

子どもは終わりが見通せると集中が続きやすいものである。生活表は，起床・朝ご飯・就寝，目標が一目で確認できる用紙を使い，朝の会で子どもが自己評価できるようにする。週5日であれば3日（半分）以上で達成とし，2週間続けての取組とする。失敗を挽回できる目標にすると気持ちを立て直すことができる。1週間目の達成率を確認してから次週の目標を子どもが決め直すようにする。1年間活用する生活表は基本パターンを作り必要な時期に内容を入れ替えて使うと，日と時をあけて行う反復学習ともなり子どもの生活を立て直す効果がある。

子どもの生活リズムは家庭環境に影響されやすい。そのため保護者の悩みや苦労に共感し，保護者と子どもが励まし合ってできるよう配慮したい。例えば朝食は品数よりも用意できる食べ物があればよいとする等である。担任はまず学校でできることに知恵を絞り，家庭でする内容を精選し，保護者に心理的な負担をかけないように配慮したい。家族のつながりを大切にした「早寝，早起き，朝ご飯」のリズムづくりをしていきたい。

(磯田登志子)

安全な外遊び

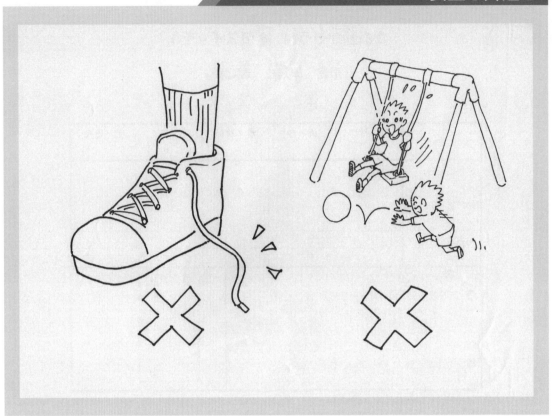

　子どもが外遊びをする上で大切なことは，安全な行動の仕方を身に付けることである。特別支援教育の教育課程では遊びの指導が位置付けられている。子どもの成長に欠かせない外遊びは「遊びの学習」として時間と場所が確保できる。子どもの遊ぶ姿から危険につながる行動を察知し，タイミングを外さず指導ができるよう，子どもの目の高さで環境を見るようにしたい。

教師が行う遊具の安全確認のチェックポイント（チームを組んで定期的に点検する）

□打検した時の音の状況	□遊具の固定状況とその位置や数
□金属のさびや腐食，亀裂の状態	□けがの状況の分析，遊び方の指導

子どもが遊具で遊ぶ時のチェックポイント（遊具の安全な使い方や約束を表示する）

□靴の紐の状態（紐の結び具合，マジックテープの接着具合，紐を結べない場合の対応）
□体育帽子を被る（顎にかける帽子のゴムの緩みや長さ，暑さ対策や頭部の保護）
□動きやすく飾りのない服装（首の回りにぶら下がる紐等の有無，ズボンや袖の長さ）
□ブランコの近くでボール遊びをしない（ボールを追いかけブランコの前への飛び出し）
□雨上がりは遊具が完全に乾いてから使う（濡れた遊具で手が滑り落下する危険）
□駐車場が隣接する校庭は付近でボール遊びや鬼ごっこをしない（飛び出し事故注意）

（磯田登志子）

安全学習

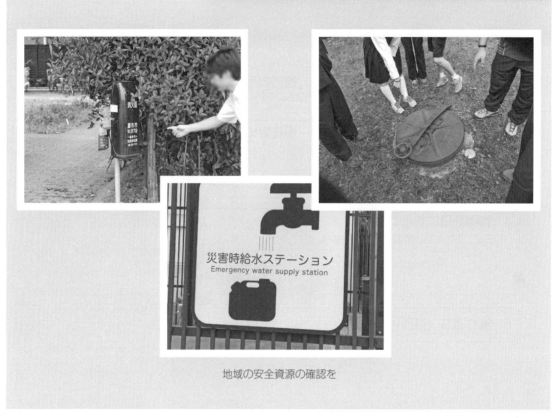

地域の安全資源の確認を

　9月は安全教育を考える大事な時期であり，9月1日は防災の日である。地域によってはその日が始業式でなかったり，引き渡し訓練を別の日に行う学校も増えている。引き渡し訓練では，単に「保護者に子どもを引き渡す」だけでなく，実際に引き渡しが想定される状況となった際に必要となる避難の仕方を保護者とともに考えることが大切である。災害の中でも，特に大地震の際を想定し，その地域の町の様子や地理的条件をよく知っていることが安全確保の絶対条件である。そのような意味でも，9月の引き渡し訓練は，保護者から地域の安全情報を得る機会として活用したい。東日本大震災を経て，保護者の地域安全に対する意識はそれ以前と比較にならないほど高まっている。地域住民の防災に関する知見を学校に正しく蓄積できるような情報交換を行うことも大切である。

　引き渡し訓練の時，全員を保護者に引き渡せるとは限らない。その際，子どもだけで帰すのではなく，担任が担当地域を決め，引き渡しができなかった子どもと一緒に地域の防災資源を確認しながら歩いて帰ると地域のことがよくわかる。道路沿いに配置されている消火器や公衆電話の使い方，倒れそうなブロック塀や通学途上で災害が発生した際に避難すべき広域避難所，水の補給が受けられる浄水場のこと等を確認したい。「自分の身は自分で守る」ことを意識する9月にしていくことが大切である。

(土方恒徳)

学習指導

自立活動の指導

保護者と連携した自立活動の指導

　自立活動とは，障害がある子どもの個々の障害による学習上または生活上の困難を改善・克服するために，特別に設定された指導領域である。内容は，人間として基本的な行動を遂行するために必要な要素と，障害による学習上または生活上の困難を改善・克服するために必要な内容を6区分に分け，さらに細かく26項目で示されている。学習指導要領解説総則編では，特別支援学級の教育課程について「『自立活動』を取り入れ（中略）るなどして，実情に合った教育課程を編成する必要がある」としている。

　自立活動の指導内容は，学校場面だけでなく生活場面にも及ぶ。そのために，保護者との連携は重要である。保護者にも，自立活動の指導について，特別支援学級としてどのような学習をしているのかを理解してもらい，連携を図っていく必要がある。そのためにも，本人や保護者のニーズを聞き取り，目標やねらいについて共有した上で，個別の指導計画を立て，指導に生かす姿勢が大切である。まず対象児童の状況から，担任が自立活動の内容の中から何を優先するとよいかを考え保護者に伝える。次に，保護者として優先するとよいと考える内容を聞き取る。その上で個別の指導計画を作成していくが，担任と保護者が同じ考えの場合もあるが違う場合もある。そのような時は，保護者の考えを尊重しながら目標やねらいを共有していくことで連携が図りやすくなり，保護者の協力も得られやすくなる。

（福田大治）

宿題の出し方

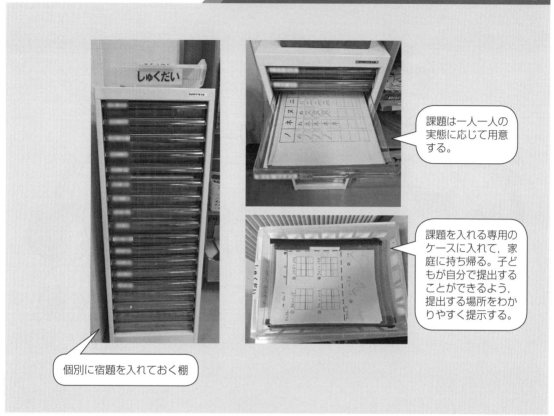

課題は一人一人の実態に応じて用意する。

課題を入れる専用のケースに入れて,家庭に持ち帰る。子どもが自分で提出することができるよう,提出する場所をわかりやすく提示する。

個別に宿題を入れておく棚

　家庭学習の課題は,子ども一人一人の実態に応じた内容を設定したい。小学校においては,「家庭で自分一人で取り組むことができる内容」を基本とする。国語や算数等の学習の復習を30分程度で終わらせることができるような分量を用意するとよい。また,ことばの力を高めるために,日記や音読などの課題も効果的である。

　子どもが家庭学習に自分で取り組む習慣が身に付くまでは,家庭の協力が欠かせない。課題の内容や取り組ませ方について,保護者への説明を丁寧に行いたい。保護者から「家庭学習をする際に,子どもが間違えた部分をその場で直してよいのか,そのままにしておいたほうがよいのか」という質問を受けることがある。特に,低学年のうちは保護者の協力を得て内容の確認をしてもらうようにするとよい。保護者にとって大きな負担にならないよう配慮しながら,家庭ごとに適切な関わり方を工夫してもらうことも大切である。

　また,課題を家庭で取り組み,学校から持ち帰り,提出する,という一連の流れをスムーズにできるような工夫も必要である。例えば,課題を入れる専用のケースを用意することも一つの方法である。教室には,課題のプリントを個別に入れておけるような棚を用意したり,子どもが課題を提出する場所をわかりやすく設定したりすることなども考えられる。

(塚田倫子)

交流及び共同学習

教科による交流及び共同学習

社会や理科などは，グループ学習や体験を伴った活動も多く，特別支援学級だけでの学びでは体験できないこともある。

　教科交流をする際，子どもの実態と教科のねらいを照らし合わせることが大切である。決して教科交流の時間が，子どもにとって何も身に付かない時間にならないようにしたい。

　教科交流の原則は一人で交流に行くことができること，通常の学級の子どもと同等の学習内容を進められることである。その上で本人，保護者の願いを考慮し，教科交流を行うメリットが高いと判断できる子どもに実施する。やり方としては，ある教科を全て通常の学級で学ぶ交流，単元ごとの交流，校外学習などを伴う一部のみの交流などがある。体育や図工など本人が得意とする教科で交流することもある。社会や理科などでは，グループ学習や体験を伴った活動も多く，特別支援学級だけでの学びでは体験できないことも多い。その点も踏まえて計画を立てるとよい。

　教科交流をする上で気をつけなければいけないのは，評価をどう行うかということである。教科交流を求める保護者の多くは，学習の理解度が知りたいため，テストや成績をどのように扱うのかを担任同士で確認し，事前に保護者に伝えておく必要がある。ノートの取り方や宿題の扱いなども，その都度確認した方がよい。また，学習進度が速く時間内に終わらない場合も多いため，特別支援学級で補習，もしくは予習をしていく。

(齋藤陽子)

関わりのある授業づくり

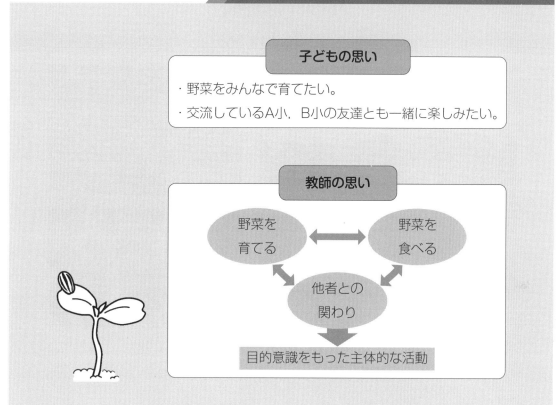

　学習活動には目的意識，相手意識が必要である。何のために誰と関わるのか，子どもが必要性を感じているのか，そういったことを教師側がしっかりと捉え，単元を構成することが大切である。そして，身の回りの学習材をどう生かすか，そこに教師の手腕がかかっている。

　関わりのある授業づくりをする時に気をつけなければならないのは，「はじめに活動ありき」に陥らないようにすることである。単元を構成する時に大切にしたいことは次の四つである。

①子どもの実態やニーズに応じた活動であるか。

②一人一人のねらいが明確であるか。

③子どもの興味・感心に沿った活動になっているか。

④その場限りの活動にならないよう，教科・領域との関連を図って，年間計画にどう位置付けていくか。

　以上の点を踏まえ，長期的視点で計画的に単元を構成していく。

　また，自立活動の視点をもって，関わりのある授業づくりに取り組むことも大切である。取り扱う自立活動の内容は一人一人異なるので，一斉学習の形態で授業を進めていくとしても個の課題に沿った授業展開・支援を考えることが必要である。

(齋藤陽子)

保護者・関係機関との連携

夏休み明けの保護者連携

授業の頑張りを行事に結実させる

　長い2学期は，学校や学級にも慣れ，友達関係も安定し，子どもが力を発揮しやすい条件が整う時期である。そのような2学期には，体育的行事，文化的行事，宿泊行事など，多くの学校行事が行われる。夏休み明けの保護者会等において，学校生活におけるそれぞれの行事の意味付けを明確に示し，保護者と方針を共有しながら取り組むことが大切である。

　学校行事や連合行事は多くの場合，子どもにとって交流及び共同学習の場としても機能する。どのような形で交流を行うかは在籍する子どもの状況によるが，学級としての方針は保護者に明示していく必要がある。保護者の意見をよく聞いて考慮しながら，子どもたちにとってどうであるかの視点を大事にし，学級としてあるべき交流及び共同学習の形を示すようにしていくとよい。

　また，行事は，上級生や下級生が役割を意識して取り組む事ができる機会である。中学校では，遠足や宿泊学習など生徒主体で取り組んでいくことが多い。準備や実践，事後の振り返りなどでも，子どもの頑張りを大人がしっかり応援する態勢を作っておくことが，子どもの自覚を育てることにつながっていく。

（土方恒徳）

引き渡し訓練

　9月に行われる引き渡し訓練では，保護者と子どもが学校でお互いの無事を確認し，別の安全な場所に移動するまでの橋渡しを適切にできることを目的とする。

　引き渡し訓練では，地震時の避難訓練と保護者への引き渡しを続けて行う。まず地震を想定した緊急放送を使い，子どもに自分の身を守る行動を取らせる。揺れが収まったら避難経路の安全を確認し移動させる。その際，帽子を被り頭部を保護し，転倒しないよう足元にも注意を向けさせる。避難の標語「㊍さない，㊎けない，㊐ゃべらない，㊊どらない」の事前指導を必ず行う。所定の避難場所に移動したら一人一人の安否を確認する。その後，引き渡し訓練に移る。

　その際大切なことは，担任は保護者以外の人が引き取りに来た時に子どもを託してよいかどうかを確認することである。サポートを必要とする子どもについては，年度始めに子どもに関わる人が集まり支援の仕方を話し合っておくとよい。訓練だけでなく日常生活で必要な支援を具体的に確認することは子どもの命を守る上で重要である。また，家庭訪問などで家族や親戚との関係や生活環境などを知っておくと子どもに生活指導をする上で役立つこともある。

　最近はSNSを活用した緊急メール送信システムなどにより，学校の情報を保護者に伝えているところが多い。子どもとの関係が確認できる緊急時引き渡しカードや保護者証などの作成は必要である。学校と家庭が連携した引き渡し訓練にすることが大切である。

（磯田登志子）

10月 学習の秋スポーツの秋

今月のTODO

学級事務
- 学校公開の準備

子ども理解と仲間づくり
- 秋の生活単元学習を通した仲間づくり

環境づくり
- 秋の掲示
- 野菜の収穫・調理

健康と安全
- 食生活リズム
- 不審者対応訓練

学習指導
- 体育の指導
- 外国語活動（小学校）の指導

交流及び共同学習
- 交流活動が困難な子どもへの指導

保護者・関係機関との連携
- 学校公開

 ## 学校生活

　10月は気候も安定し，様々な学習が充実してくる時期である。各教科等の学習だけではなく，生活単元学習で自分たちが育てた野菜で調理を行ったり，交流及び共同学習によって通常の学級との関わりが深まったりする。また，学校公開や運動会等が実施されることも多く，子ども一人一人が頑張っている様子を保護者や地域の方々に見てもらうことができる。子どもの成長を確認することができる時期である。

 ## 学級経営の勘所

● 運動発達の特性に合わせた指導

　運動に適した時期であるが，運動発達の特性を把握した上で指導を進めることが大事である。運動発達には順序性があり，一般的に全体から部分，粗大運動から微細運動等への段階がある。特別支援学級では，学級内の運動発達の個人差が大きい場合が多いが，学級内の子どもの発達段階を理解して，一人一人に合った支援をしていく必要がある。また，運動種目によっては，「能力差があらわれやすいもの」もある。そのような種目を行うような場合は，ルールや教具

を工夫するなど，子どもたちが達成感を味わえるようなやり方を考えたり，数量的な結果だけではなく，努力した過程を評価したりするなどしていくことが大事になってくる。

● 交流及び共同学習の充実

交流及び共同学習も充実してくる時期である。交流及び共同学習は，特別支援学級としては，子どもたちの「経験を広め積極的な態度を養い，社会性や豊かな人間性を育む場」であり，通常の学級では，「障害のある子どもたち」とその教育に対する正しい理解と認識を深めるための機会である。「同じ社会に生きる人間としてお互いを正しく理解し，共に助け合い，支え合って生きていくことの大切さを学ぶ場」として，双方にとって意義深い教育活動にしたい。充実した交流及び教育活動を行っていくためには，教師同士が互いの子どもたちの特性や様子などを相互理解していくことが欠かせない。忙しい中ではあるが工夫をして時間を作り，教師間で打ち合わせをしっかり行って交流及び共同学習を進めていくことが大事である。

仕事の勘所

● 学校公開等での留意点

学習が充実する10月は，研究授業公開や授業参観等，様々な形態で学校公開が行われる。教職員対象の研究授業・実践公開等であれば，学校全体の協力体制の中で準備をしていく。掲示物も今までの指導の在り方等が準備できると，参観者も子どもの変容や指導の効果がわかり参考になる。保護者・地域対象の学校公開であれば，普段の学習の中に子どもが生き生きと活動する場面が見られるように設定する。保護者は子どもの成長を確認できる。地域の方々には，子どもが頑張っている様子を見ていただく中で，特別支援学級の子どものアピールの場になる。掲示物に関しては，人権上問題のないように十分注意していく必要がある。

● 秋を扱った学習の充実

秋の季節を感じる学習をたくさん行える時期である。葉っぱや虫など秋の自然物を探しながら季節の変化に気づく。その際，体で，目で，耳で，鼻で，手で等々，全ての五感を使って学習すると子どもは生き生きとしてくる。また，学級園で作った野菜を使って調理をすることも考えられる。自分たちが作った野菜だと，調理にも力が入る。この時期ならではの学習を組み込んでいきたい。

● 防犯教育の取組

日が暮れるのが早くなる時期である。身の守り方について，「いかのおすし」等を利用して指導する。「いか」（行かない）「の」（乗らない）「お」（大声でさけぶ）「す」（すぐに逃げる）「し」（知らせる）を徹底する。お巡りさんに話を聞いたり，紙芝居を使ったりして子どもにわかりやすく指導していく。

(川崎勝久)

学級事務

学校公開の準備

「学級要覧」の一例

（二つ折りの内面）

①学級概要
学校名，学級名，所在地
教職員氏名，児童・生徒数

②教育課程
学校・学級の教育目標，
教育目標を達成するため
の基本方針，
特色ある教育活動，等

③主な年間行事

④時間割

⑤教室配置図

⑥校歌

⑦校章とその由来説明

⑧最寄り駅からの案内図・
利用する交通機関・連絡先，
等

（二つ折りの外面）

平成××年度
○○市立△△学校
□□学級
学級要覧

（子どもの絵等）

表紙

　学校公開の形態は，近隣の学校だけを対象とする場合や，都道府県や全国を対象とする場合等様々である。教師を対象とする場合は授業研究会と合わせることもある。特別支援学級の授業を公開する場合は，教育委員会や学校全体の協力体制の下，緻密に周到に時間をかけて準備することが大切である。

　また，保護者や地域を対象とした学校公開としては，授業参観等がある。保護者には子どもが生き生きと学習する様子を参観してもらいたい。さらに，地域の人も参観する場合もある。計画に当たっては「いつも通り」を大切にしながらも，子どもが活躍できる場面を多く取り入れたい。家族や地域を意識した学習活動もタイムリーである。

　特別支援学級だけで，「学級公開」を実施することも考えられる。特別支援学級の授業を地域に公開して特別支援学級での指導を理解してもらうことをねらいとするものである。特別支援学級への入級を考えている保護者や，特別支援学級に関心をもつ地域の人等に公開することは大切である。その際，配布する資料として「学級要覧」を配布する。教育課程，時間割，授業内容等をまとめた学級紹介のパンフレットとして有効である。特別支援学級を見学したいという外部からの来客があっても，学級を紹介する資料として活用できる。

（小林徹）

子ども理解と仲間づくり

秋の生活単元学習を通した仲間づくり

　10月の生活単元学習の単元として，子ども同士の仲間づくりを考える上で，遠足ではなく校外学習を取り入れることは有効である。例えば，校外学習「動物園に行こう」を単元として設定する場合は，次のような指導を重視する。

● **動物園見学のねらいに沿った単元計画の作成**

　動物園に行って列を作って動物園を一周するだけでは学習は深まらない。単元計画には，見る動物を一人一つ決めて，事前に動物のことを調べ，見学の際はその動物をじっくり観察をする時間を設定したり，帰ってきてからその動物の紹介新聞を作ったりする内容を盛り込む。

● **仲間づくりを意識したグループ活動の工夫**

　観察対象の動物ごとにグループを編成して取り組む。また，動物園の行き帰りや動物園内での行動もグループ中心に行う。そのことによって，使用する公共の交通機関名や駅名の学習を繰り返し行ったり，動物園内でのルート等の行動予定を話し合ったりする中で，子ども同士の深い関わりが生じる。

　グループでの活動は，事前の動物調べから当日の行動まで同じグループで取り組ませるとよい。事後の動物の紹介新聞も同じグループで模造紙に1枚作成するなどの仕組みを作れば，グループ内での様々な共同作業が生じて，仲間意識をさらに増すことにつながる。　　　（小島久昌）

環境づくり

秋の掲示

学校生活の様子の写真や，今人気のある芸人の写真やイラストを入れると，より人目をひくポスターになります。

　10月の掲示物として，「いいところポスター」を紹介する。
　この時期は小学校なら学芸発表会，中学校なら文化祭や合唱コンクールなどの行事を通して「協力」や「思いやり」の意識を育んだり，自分だけでなく仲間あるいは学校・学級のよさを意識させたりできる。この掲示物は，自分が所属する学級や学校の「いいところ」をポスターで表現するものである。
　ポスターを作る際，自分の「いいところ」を考えさせ，それを基にポスターを作成させるようにする。発展させた活動として，「○○学校（学級）のいいところ」というアンケート結果を基に学級で作成するのもよい。学級の話し合いの中で意見を出し合うことで，ポスターの内容が充実する。学級の「いいところ」を教室内に掲示して日常生活の中で確認できるようにすることで，学級全体の好ましくてよい雰囲気を醸成するとともに，自分たちの成長を実感することにつながる。

（田近健太）

野菜の収穫・調理

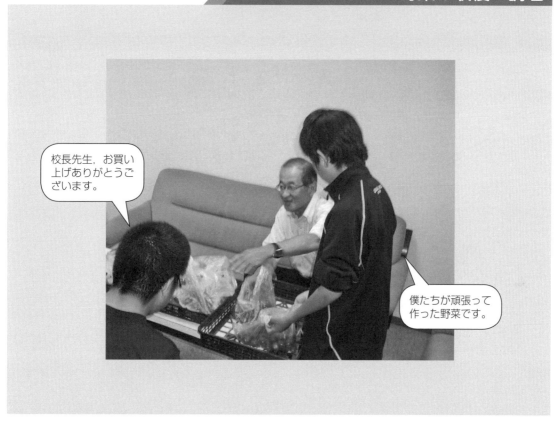

収穫した野菜をそのまま子どもたちの家庭に持ち帰る場合もあるが，調理学習や販売するなどの他の学習と関わりをもたせ，発展させた活動にすることができる。

● 野菜の袋詰め
全部の個数を数えたり，数えた野菜をいくつかに等分したりなど，「数の学習」を兼ねて行う。

● 教職員への販売
休み時間などに職員室などに出向き，販売する。お釣りが必要な場合などもあり，金銭の学習を兼ねる。「販売した先生の名前を1人覚えてくる」，「自分の所属する学年以外の先生に販売してくる」などの課題を与えて販売させるのも一つの方法である。その際に金銭の取扱いについて指導する。

● 調理実習の材料として使用
年によって栽培する野菜が異なるため，作るメニューも変化することがある。メニューを決める際には，教師と子どもとで話し合って決める。育てた野菜について自分たちで図書室の本やインターネットを活用したり，家族や栄養士に聞き取りを行ったりして，調理法を調べて実際に調理を行うといった「総合的学習の時間」としての取組にしていくのもよい。

（米内山康嵩）

健康と安全

食生活リズム

　食生活リズムを整えるとは，朝食，昼食（学校では給食），夕食の時間を整えていくことでもある。そのリズムをそれぞれの家庭の中で，整えられるようにしていきたい。全国学力学習状況調査結果によると，1日3回の食事をほぼ決まった時間に取っている家庭がほとんどである。しかし，どのような食事を取っているかは家庭によりそれぞれである。

　特別支援学級の子どもたちにとって食事を3食きちんと取ること，食事のマナーを守ることは将来の自立に向けて身に付けたい食習慣である。学校では給食の時間に，少人数学級のよさを活かし，食べきれる量を盛り付けバランスよく残さず食べること，食べ方や食事のマナー等を，個別に指導し丁寧に積み上げることができる。例えば，教室をレストランに見立てたお誕生日給食会を通して指導することも考えられる。机を寄せてテーブルクロスを敷き，誕生日の人をお客とする。盛り付けたお盆を店員役が運ぶ。みんなでテーブルを囲んでマナーよく食事を取るよう声かけをする。担任も含め学級全員の誕生日に役割を交代して行うことで食事の楽しさを味わえる。また，家庭と連携して食生活にめりはりをつけることにも取り組みたい。例えば，家庭の冷蔵庫にカレンダーと献立表を貼っておくと献立が重ならないように家族で確かめることができる。人とのつながりを考えた給食指導は，家庭の食事も含めた食習慣づくりともなる。

（磯田登志子）

不審者対応訓練

　子どもの命を守るためにも，不審者対応訓練は地域の警察署と連携して行いたい。訓練の流れは警察署と学校で協議して決める。学校では不審者対応マニュアルを作り職員全体で役割を確認する。避難経路上にあるドアの開閉や段差，通行を妨げるものの有無等を全職員で確認する安全点検も同時に行う。見てわかりにくい段差には白線ペイントをする等，視覚的な配慮も大切である。不審者対応訓練では，侵入場所を限定し最悪の事態にならないように教師がチームで対応する。その間に子どもたちは不審者から離れ，安全な場所へ移動する。

　特別支援学級では障害の特性に応じ，配慮した訓練を行いたい。子どもが自分を守るための方法を意図的にシミュレーションしておき子どもの特性や身体状況を考え，定期的に朝の会等で避難経路を歩く訓練を行うとよい。子どもだけで避難する状況を指導し，避難の合図を決める。避難訓練の合言葉「㋐さない・㋕けない・㋛ゃべらない・㋔どらない」と，行動確認は短い言葉で行う。支援員がいる場合は介助が必要な子どもの対応訓練を兼ねることができる。不審者対応訓練は一部の大人だけが関わり終わるのではなく，子どもが適切な判断と行動ができるよう短時間でできる日常の訓練も意図的に行う必要がある。

（磯田登志子）

学習指導

体育の指導

走ったり，泳いだりは体力づくりに生きる。

マットや跳び箱はバランス感覚を養い，動きのバリエーションを増やす。

　学校における体育は，健康な身体と社会性を身に付けるための大切な学習活動である。子どもたちの多くは学校外で運動する機会が少なく，一日の運動量が十分とはいえない現状がある。したがって，学校の体育指導では，子どもたちの成長段階に応じて教師が意識的・計画的に運動量を確保することが重要になる。

　子どもたちが体力づくりに積極的に参加するためには，目的や明確な目標をもたせることが必要である。指導計画作成においては，行事との関連性を図ることや季節に応じた内容を配置するなどの工夫をしていく。また，一斉指導の中においても，子どもの個別目標を立て，個々の努力や成果を積極的に評価し，自らの成長を感じることができるようにし，意欲や自尊感情を高めていきたい。さらに，体育の授業は仲間とスポーツの楽しさを味わい，ルールや礼節などを学ぶよい機会でもある。子どもたちがスポーツに興味をもち，仲間づくりや生涯体育につなげることができれば，学校の体育指導の意味はより大きくなっていく。また，体育の指導と関連して，健康や安全についての意識を高め，けがや病気の予防，簡単な応急処置の方法など，生活に必要な知識を身に付けることも大切なことである。

　子どもたちの中には健康面で配慮が必要な者も少なくない。一人一人の実態把握を適切に行い，安全管理をしながら達成感をもてる学習活動の展開が必要である。

（岩瀬敏郎）

外国語活動（小学校）の指導

『Hi, friends!』（文部科学省）

子どもたちになじみのある絵本の外国語版を用いる。

　小学校で行われる外国語活動では，特別支援学級の場合，通常の学級で行われている授業をベースとしたい。ALT（外国人指導助手）や英語担当の教師がいる場合は，特別支援学級での活用も図りたい。専門の人材が関わることにより，活動内容の幅が広がる。その際には，打ち合わせを入念に行い，子どもの発達段階や障害の特性を配慮したねらいを設定し，指導に臨むことが大切である。

　教材としては，文部科学省が作成した外国活動教材『Hi, friends!』の活用が考えられる。デジタル教材もあり，ICT機器を使っての指導も可能である。また，よく知られているような絵本の英語版を使ったり，外国の曲を歌ったりするなどの取り組みも考えられる。

　子どもの実態によるが，通常の学級との交流及び共同学習の一環として行うことも考えられる。外国語活動のねらいは，「外国語を通じて，言語や文化について体験的に理解を深め，積極的にコミュニケーションを図ろうとする態度の育成を図り，外国語の音声や基本的な表現に慣れ親しませながら，コミュニケーション能力の素地を養う」ことであり，通常の学級で展開されている外国語活動の授業は，活動型の授業でコミュニケーション能力を高めることに力を入れている。外国語活動を通常の学級とのよりよい交流の機会と捉えて積極的に行っていくことも考えられる。

（高橋浩平）

交流及び共同学習

交流活動が困難な子どもへの指導

朝の会の交流
挨拶や呼名を交流学級で一緒に行うだけでも仲間意識が育まれる。
挨拶や返事ができない子どもがいるときは、担任が側に付き添い、代弁するなど支援する。

　交流活動は、子どもの実態によって参加が困難な場合もある。しかし、初めからできないと決めつけるのではなく、「どのような形であれば交流が実施できるだろうか」という視点で活動を検討すると、何かしらの道筋が見えてくることも多い。

　入学したばかりの子どもの場合、学校や特別支援学級での生活に慣れることに精一杯で、交流活動まで考えられないかもしれない。しかし、1年生の一員としてスタートするためにも、朝の会での挨拶や呼名は交流する学級で一緒に行うようにするとよい。挨拶や返事ができない子どもがいる時は、担任が側に付き添い、代弁するとよい。そうしていくうちに、まわりも自然と理解していく。しかし、行動上の問題等で、活動範囲が限られるような子どもの場合は、交流する学級に行って活動することは難しい。そのような場合は、交流学級の方から出向いてもらうような機会を作ることもできる。例えば、掃除の時間に、交流学級から毎日手伝いに来てもらうなどの工夫が考えられる。直接子ども同士が関わるわけではないが、特別支援学級の子どもたちが一生懸命働いているところを見たり、どのような教室環境で過ごしたりしているのかを知ることによって、特別支援学級の子どもへの理解が一歩進む。

　交流活動は、何のために行うのか、交流によってどのような力を付けたいのかということを明確にし、子どもの実態に応じて、柔軟に対応していくことが大切である。

　　　　　　　　　　　　　　　　　　　　　　　　　　　　　　　　　　　　　（齋藤陽子）

保護者・関係機関との連携

学校公開

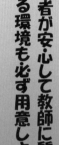

子どもの頑張る姿
小学校の先輩たちはこんなふうに頑張っていますよ！

学習環境・施設設備
ICT機器など、家庭での活用の参考になる場合も。

様々な学習形態
個の対応と小集団での学習、一斉指導での学び方など。

休み時間の教室
生徒と教師の関係のあり方は休み時間にあらわれる。

⇒ 保護者が安心して教師に質問できる環境も必ず用意しよう

学級公開で見せたいものは

　2学期も半ばを迎えると、各学校では来年度の新入生を対象とした学校公開や学校説明会が開催される。特別支援学級の場合、この時期の学校公開は、実際に進路を決定するためのものというよりは「特別支援学級とはどのようなものか」を知ってもらうための判断材料を提示する機会となることが多い。特に、特別支援学級を初めて見学に来る人もいることを想定してこの時期の学校公開は行うことが大事である。

①頑張っている子どもの姿を示す

　特別支援学級への入級を考えている保護者にとっては、現在在籍している子どもの輝く姿を見てもらうことが大事である。時間割や単元を工夫して、子どものよいところを見てもらえる配慮をすることが大切である。

②特別支援学級はこんなところ

　学校説明会では、特別支援学級とはどのようなものかをはっきりと説明する。学級の方針だけでなく、通常の学級との学習の違いや、特別支援学級独自の行事、交流及び共同学習の様子、一般的な進路の在り方等も伝え、特別支援学級を理解してもらうようにする。

（土方恒徳）

11月 一人一人が輝く学習発表会

今月のTODO

学級事務
- 就学に関わる事務

子ども理解と仲間づくり
- 学習発表会を通した仲間づくり

健康と安全
- 金銭の扱い方

学習指導
- 図画工作・美術の指導
- 作業学習の指導

交流及び共同学習
- 学習発表会での交流

評価
- 学校評価,特別支援学級の評価

保護者・関係機関との連携
- 学習発表会の参観

 学校生活

　11月は各学校で学習発表会,学芸会,音楽会,展覧会等の文化的行事が実施されることが多い。子ども一人一人が自分のもてる力を発揮して参加できるようにしていくことが大事である。また文化的行事に特別支援学級として出演・出品することは,学級全体の一体感を生み出すとともに,通常の学級の子どもや保護者,学校教職員全体に対して,特別支援学級の子どもの姿をアピールするよい機会になる。

 学級経営の勘所

● **学習発表会に向けた指導**

　学習発表会は,子どもにとって,自分の学習した成果を示せる場である。また,保護者にとっては,子どもの成長を感じることができるため,関心が高く,期待される教育活動である。そして教師にとっては,日頃の教育活動の成果を発表し,子どもや保護者,地域の信頼につなげることができる場になる。

　子どもの力が十分に発揮される学習発表会にするためには,一人一人の特性をよく把握し,

子どもの意欲を引き出し，一人一人に合った役割や一番輝く演出を考えて計画する。例えば，自信がなく，なかなかはっきり声が出ない子に対して，本人が言いやすいセリフを考えて練習をする。練習を繰り返していくうちに声が出て，本番でセリフが言えるようになると，発表会後も自信をもてるようになる。

　一人一人に自分の役割を意識させ，みんなで協力して作り上げていく感覚を味わわせていくことも大事である。このことが学級の団結力を高めていくことにもなる。

　一方，なかなか計画通りに練習が進まないことも多い。そのような時には，一人で悩まず，まわりの教師に相談することが大事である。自分にない経験やアイデアをもらうことによって，指導の行き詰まりを打開することができたりする。まわりの助言を受け入れよりよいものにしていこうとする心構えが教師にとっては必要である。

　学習発表会等大きな行事が終わった後の子どもは，本番までの練習による経験やみんなの前で発表することによる緊張感や達成感によって大きく成長する。また教師側にとっても指導を通して，あまり目立たなかった子どもの新たな一面を発見できたりする。ここで培った力を事後の学習に生かすことが大事である。

 仕事の勘所 ------------------------------------

● 就学相談における配慮

　小学校では就学児健康診断を行い，次年度の就学等に向けた時期になる。特別支援学級，通級による指導等，学びの場の検討に当たっては，本人・保護者の意見を可能な限り尊重しながら，様々な状況を総合的に判断し，区市町村教育委員会による就学先の判断・決定がなされる。新就学児の保護者の判断材料になるよう，相談を受けた場合は，丁寧に対応する。特別支援学級の見学や体験入級なども必要に応じて行う。特別支援学級に在籍する小学6年生については，進学に向けての就学相談を本人・保護者と行い，校内委員会等で検討する。

　中学校では特別支援学級の生徒の進路が多様化している。高等学校だけではなく，特別支援学校においても様々な学科等が設置されるようになってきている。本人に合った進学先になるように情報提供を行うなどの進路指導を行い，納得して進学できるようにしたい。

● 学校評価と新年度計画の作成

　2学期末から3学期にかけて，各学校は学校評価，新年度計画に取り組む。11月には年間の教育活動の3分の2が終わる。学級担任間の評価だけではなく，子ども・保護者，関係者等からアンケート評価を行うなどして，やってきた教育活動等を振り返り，多様な観点から評価をしていく。次年度の教育計画の改善に生かしていくことが大事である。

（川崎勝久）

学級事務

就学に関わる事務

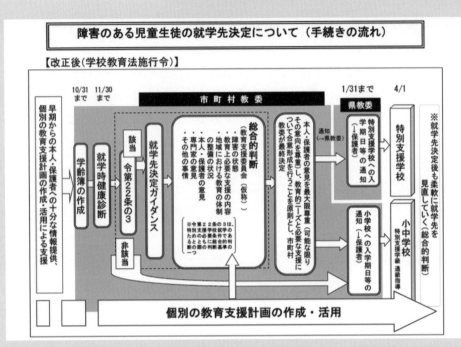

平成25年10月　文部科学省初等中等教育局支援教育課　教育支援資料より

　障害のある子どもの学びの場としては，特別支援学校や特別支援学級，通級による指導，通常の学級がある。学びの場の検討に当たっては，本人・保護者の意見を可能な限り尊重し，障害の状態，本人の教育的ニーズ，教育学・医学・心理学等専門的見地からの意見，学校や地域の状況等を総合的に判断し，市町村教育委員会による就学先の判断・決定がなされる。本人・保護者の思いを受け止めるとともに，子どもが自分に合った内容・方法で学習し，成就感を得ながら充実した学校生活を送ることができ，生きる力を身に付けていくのに最も適した場はどこかという視点をもつことが重要である。

　新就学児の就学に当たって保護者から相談の申し出があった場合，保護者の考えや思いを受け止めながら真摯に対応する。乳幼児期からの様々な思いや不安を抱えている保護者も多い。保護者の話を傾聴し，子どもの様子を知りながら，学校としてできることとできないことについて具体的に説明するなどし，保護者の判断材料となるようにする。特別支援学級の見学や体験入級なども必要に応じて行う。教育委員会の相談機関や専門機関に相談していない場合もあるので，通常の学級以外の学びの場の検討を要する場合は，教育委員会への相談を勧める。特別支援学級に在籍する小学6年生については，進学に向けての就学相談を本人・保護者と行い，校内就学支援委員会等で検討する。

(齋藤道美)

子ども理解と仲間づくり

学習発表会を通した仲間づくり

　11月は，各学校で学習発表会，音楽会，展覧会，学芸会などの文化的行事が設定されていることが多い。その行事に，特別支援学級として出演・出品していくことは大切である。学級全員の学校への所属感につながるだけでなく，通常の学級の子どもや保護者，学校職員全体に対して，学級について改めて認識する機会として位置付ける。

　学級の一人一人の子どもの力が十分に発揮され，発表の意図がまわりにきちんと伝わるようなプログラムを用意する必要がある。音楽会を例にして，配慮することを紹介する。

● 演目，曲目，題材の選定

　子どもの特性，長所がプログラムの中で十分に発揮される演目，曲目，題材を用意する。その上で演じる子どもに合わせた台詞の言い回しや長さ，演奏する子どもに合わせた楽譜の用意などが必要になる。

● 即時評価

　少し努力すれば実現可能な課題を用意し，それが練習の中で実現されたことを見逃さず評価することが大切である。努力が認められる喜びを繰り返し味わわせたい。

　また発表後には，通常の学級の友達や特別支援学級の友達の保護者，学校職員から肯定的評価を伝え，成就感を味わわせていきたい。

（小島久昌）

健康と安全

金銭の扱い方

　金銭の扱い方は，実際にお金を使う経験を通して身に付けることが有効である。子どもたちは普段親から決まったお金をお小遣いとしてもらうことが多いが，時には家族のために必要な仕事をした報酬としてお小遣いをもらい，その範囲で使う経験を少しずつ積ませるとよい。
　11月の生活単元学習の一つとして，保護者と連携して行う「お小遣い貯金」の実践を紹介する。学期末の給食がない日にレストランに行き，家庭でお手伝いをした対価により昼食を取る学習につなげるために，次のような取組をする。
○お店のメニュー表を借りて子どもが食べたいものを選ぶ。
○1か月間，自分がするお手伝いを三つ決める。（1日二つしたらお小遣いをもらえる）
○1日のお小遣いは30円，貯金箱にたまったお金で食事する。
　保護者には，お手伝いができたときは，「今日もありがとう」の言葉を添えてお金を渡してもらうようにする。昼食に行く前日には，保護者と子どもで十円玉の額を確かめ，支払う時に他のお客さんのことを考えて五百円玉や百円玉に両替してくる約束をする。目標金額に届かない時は，お店のメニューを子どもと一緒に見ながら必要に応じて選択肢を示し，選び直すようにした。日常生活の小さな経験の積み上げが金銭を適切に使う力となるのである。（磯田登志子）

学習指導

図画工作・美術の指導

マーブリング

コラージュ

　図画工作の目標「表現及び鑑賞の活動を通して，感性を働かせながら，作りだす喜びを味わうようにするとともに，造形的な創造活動の基礎的な能力を培い，豊かな情操を養う」（平成20年版学習指導要領）を目指し，楽しい図画工作の授業を展開したい。発達段階が異なっていても可能な作品づくりを紹介する。

　①**マーブリング**：水の上に比重の軽い絵の具をたらし，水面に浮かぶ模様を紙などに写し取る技法。障害の重い子どもでも支援によって製作が可能であり，できた作品をファイルのカバーにするなどの応用もできる。

　②**コラージュ**：10cm四方の正方形の紙を赤・白2色用意する。どちらかの色を土台にして，その上にもう一つの色の紙を折ったり切ったりして貼り付け，作品にする。はさみを使ってもいいし，手でちぎってもよい。これを模造紙に貼っていくと大きなコラージュの作品になる。色は「黒・白」「黄・青」のように変えていくとバリエーションをつけられる。

　③**フィンガーペインティング**：指に絵の具をつけて紙の上で模様を作る。指に絵の具がつくのを嫌がる子にはタンポ（綿などを布で包んだもの）などを利用させるとよい。

　学校の展覧会等に出品する際には，展示の仕方も工夫したい。一人一人を大切にし，作品をしっかりと際立たせる展示を工夫したい。

(高橋浩平)

作業学習の指導

作業学習の指導の留意事項（『特別支援学校学習指導要領解説総則等編』平成21年6月）

(ア) 生徒にとって教育的価値の高い作業活動等を含み，それらの活動に取り組む喜びや完成の成就感が味わえること。

(イ) 地域性に立脚した特殊性をもつとともに，原料・材料が入手しやすく，永続性のある作業種目を選定すること。

(ウ) 生徒の実態に応じた段階的な指導ができるものであること。

(エ) 知的障害の状態等が多様な生徒が，共同で取り組める作業活動が含まれていること。

(オ) 作業内容や作業場所が安全で衛生的，健康的であり，作業量や作業の形態，実習期間などに適切な配慮がなされていること。

(カ) 作業製品等の利用価値が高く，生産から消費への流れが理解されやすいものであること。

　作業学習は，作業活動を学習活動の中心にしながら，子どもの働く意欲を培い，将来の職業生活や社会自立に必要な事柄を総合的に学習するものである。作業学習は，主に中学校の特別支援学級の教育課程に編成させる場合が多く，小学校ではその基礎となる内容を積み上げることが望まれる。作業学習の目的は，将来の社会的な自立を見据えた総合的なスキルの習得に重きが置かれる。作業学習のねらいは，各作業を通して，勤労の尊さや喜びを感じること，仕事を通して，責任感や協調性をもつこと，技能の向上を図るとともに，根気強く働く習慣を身に付けること，安全と衛生に留意し，よい品質を保つ努力をすることなどがある。作業活動の種類は，農耕，園芸，紙工，木工，縫製，織物，金工，印刷，調理，食品加工，クリーニングなどのほか，販売，清掃，接客など多種多様である。

　指導に当たっては，作業活動を通して取り組む喜びや完成の成就感が味わえること，作業製品等の利用価値が高く生産から消費への流れが理解されやすいこと，子どもの実態に応じた段階的な指導ができること，すべての子どもが共同で取り組めてスモールステップの指導がしやすいこと，作業量や作業の形態・実習期間などに適切な配慮ができること等を留意したい。作業学習の年間計画は，立案から販売実習や発表会の企画など学級の実態に合わせることが大切である。キャリア教育との関連も意識しながら作業活動を検討していきたい。

（小林徹）

交流及び共同学習

学習発表会での交流

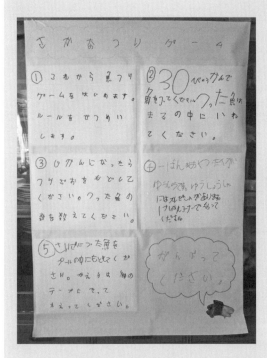

さかなつりゲーム
30秒間で何匹、さかながつれるかな？

　特別支援学級にとって学習発表会は、1年の中でもウエートの重い教育活動である。何を行うのかは、その年に在籍する子どもに低学年が多いのか、高学年が多いのかということによって内容は変わってくる。できれば、子どもの話し合いによってテーマを決め、それにふさわしい活動を考えるようにするとよい。

　通常の学級では、クラスを超えて取り組んだり、総合的な学習の時間のまとめとして発表したりすることもあるため、交流学級で発表するのか、特別支援学級で発表するのかを子どもに考えさせることも大切である。発表のための活動にならないよう、活動計画を作成する。その際、誰に何を見てもらいたいのか相手意識と目的意識を明確にする。不特定多数の「お客さん」を相手にした活動も多いが、その中でも「○○さんに来てもらいたい」という明確な相手がいると活動が深まり、自分のすべきことに見通しをもちやすくなる。

　話の得意でない子どもが自分の台詞を覚え、当日はっきりと伝えたり、動きのある子どもが椅子に座って一定時間活動したり、文字を書くことが苦手な子どもがパソコンを操作して発表したりするなど、できる姿・頑張っている姿を、家族や友達だけでなく、地域の人など多くの人に見てもらうよい機会となる学習発表会にしたい。

(齋藤陽子)

評価

学校評価，特別支援学級の評価

特別支援学級の評価（主に学級担任による評価）
- ○施設設備面　○教室環境　○教材や教具　○教育課程　○各年間指導計画
- ○グループ編成の在り方　○担任間の連携　○学級事務の役割分担
- ○交流及び共同学習の状況　○進路指導・就学相談　○校内支援体制への貢献
- ○保護者との連携　○関係諸機関との連携　○情報の発信　等
- ＊4月に作成した「学級経営案」も活用し振り返りをする。

学校評価における特別支援学級への評価（全教職員で行う評価）
☆校内全体で，特別支援学級の教育活動に対する当事者意識と理解を高めたい！
- ○特別支援学級の教育課程や指導方針　○交流及び共同学習の状況
- ○行事や教科等の具体的場面での交流について　○校内における理解啓発の取組み
- ○就学・転学相談等について（情報共有）　○教員間の連携について
- ○校内の特別支援教育推進体制について　○校内研究における取組み　等

保護者・地域・関係者等によるアンケート評価
- ○特別支援学級の教育活動について（理解や関心）　○交流及び共同学習について
- ○特別支援学級児童の姿について　○学級担任の取組について
- ○情報の提供や連携協力について　○理解や啓発の状況について　等

児童生徒によるアンケート評価
- ○学校・学級での活動への満足感や思い　○友達との関わり（いじめ等の実態把握も行う）
- ○交流や共同学習での感想や思い　○各行事等での感想や思い
- ○担任の指導に対する評価　○担任に対する思いや要望　○今困っている事　等

学校評価や特別支援学級での評価〜こんな観点で振り返ってみよう〜（例）

● **学校の中心に位置付く特別支援学級を目指して**

2学期末から3学期，各学校で学校評価，新年度計画に取り組む。学校の教育活動を様々な観点から評価し，工夫・改善をしながら次年度の計画を立案する。この学校評価では，特別支援学級の教育活動や校内における機能等についても，全教師で評価していくことが重要である。特別支援教育の中心的な役割を担い，教育的なニーズに応じた支援の在り方を発信する特別支援学級への理解を深め，学校の中心にしっかりと位置付く特別支援学級を目指していきたい。

● **学級内での評価**

4月に作成した学級経営案も生かしながら，学級全体の経営や指導体制を評価したり，施設面や教育課程上の課題等について工夫・改善点を見出したりしていく。

● **有益な評価を得るために**

学校全体からの評価を得るためには，日頃から様々な場面で特別支援学級と関わり合い，連携していくことが大切である。教育課程の周知，交流及び共同学習での連携，理解啓発への取り組み，特別支援教育の校内支援の推進，校内研究の共有等の活動を通して，特別支援学級への関心や理解を高めておきたい。また，可能であれば，保護者・関係者（学校評議員等）からの評価や，子ども自身による学校評価やアンケートも試みたい。

(小島徹)

保護者・関係機関との連携

学習発表会の参観

君たちはあこがれの先輩なんだよ！

　中学校の学習発表会は，子どもにとって今までの学習の成果を発表できる晴れの場であるだけでなく，保護者にとっても，多くの人が集まる場での子どもの成長を確認する場である。学習発表会の機会を最大限活用するため，行事の前に保護者に次のような話をするとよい。

①明確な演出方針があることを示す

　作品展でも舞台発表でも，人に何かを見せる場合には，「何を見せるか」だけでなく「どう見せるか」も必要となる。子どもが十分に自信をつけ，保護者にも子どもの成長をしっかりと感じてもらうためにも，学習発表会の際には，「何を」「どのように」見せるかを工夫した点を保護者と共有することが大切である。

②前年または小学校の頃との成長を確認する

　また，発表会は，毎年参加する行事であるだけに，子どもの年ごとの成長を実感しやすい場である。発表会後は，保護者や本人も交えて，去年と比べて今年はどうだったか，来年はどうなっていきたいかなど，時系列を追って話し合い，保護者と教師，そして子どもの三者が成長の喜びを共有する時間をもちたい。

（土方恒徳）

12月 2学期のまとめと冬休みの生活

今月のTODO

子ども理解と仲間づくり
- 冬休みの生活指導

環境づくり
- 年末の掲示

健康と安全
- 冬休みの健康指導
- 大掃除

学習指導
- 音楽の指導
- 3学期の指導計画の作成

交流及び共同学習
- 特別支援学級連合行事への参加

評価
- 個別の指導計画の見直し
- 通知表の記入

保護者・関係機関との連携
- 保護者会の開催

 学校生活

12月の学校生活で最も重視することは、2学期（3学期制）のまとめである。

教師にとって、一人一人の成長の記録をまとめ、通知表を作成する月であるとともに、保護者会やお楽しみ会等を通して2学期の子どもの成長を、子どもの姿や教師から直接的な話によって伝えていく月である。

子どもたちにとっては、2学期の学級目標を振り返るとともに、通知表等により個々に掲げた前期目標の達成度を確認し、成果と課題を自覚することである。

12月は、登校日数が15～20日程度と少なく、2学期末の事務処理も多く慌ただしい。そのような中、円滑に学級経営を進めるためにも意図的、計画的な運営に努めたい。

 学級経営の勘所

○ 学級経営の評価

今月の学級経営のポイントは、2学期の学級経営の評価を教師側と子ども側それぞれが確実に行い、3学期につなげることである。

● 教師側の評価

　教師側の評価する内容は，学級経営計画と個別の指導計画及び個別の教育支援計画の二つである。学級経営計画の評価は，1学期末に実施した時と同様に，2学期の計画に沿いながら円滑に実施できたかどうか，指導や支援は有効であったかどうかなどを分析し，課題と今後の手立てを明らかにすることである。

　例えば，「温かい学級をつくる」ことを目指して，聴く力を育むために「話し手に身体を向けて最後まで静かに話を聴かせる手立てを工夫する」と目標にした場合，聴型指導の取組，子どもの定着度等をパーセントで示すと明確になる。個別の指導計画等の評価に関しては，2学期の教科別の指導や領域等を合わせた指導の成果を踏まえて，記載された目標と指導の手立ての見直しを行い，記載の修正を行う。

● 子ども側の評価

　子ども側が評価する内容は，学級目標と一人一人の目標の達成度である。学級目標に関しては，子どもたちに言葉で説明をして考えさせてもよいが，障害の特性から長期記憶が難しく，表現力も未熟な子が多いことから，子どもたちの具体的な姿を写真やビデオで視聴させて想起させ，考えさせるとよい。子どもの評価はあまり難しくせず，「よくできた，できた，もう少し」に○を付けたり，「◎○△」のマークや笑顔の顔，ほほえんでいる顔，残念な顔の絵カードを選択させたりして意志表示をさせる。個々の目標に関しては，「ひらがなを全部書けるようにする」など具体的であることから，一人一人と対話をしながら確認をしていくとよい。

📝 仕事の勘所

● 通知表作成の配慮

　担任として，12月の仕事の中で，最も慎重にかつ，重視して取り組まなければならないのは，通知表の作成である。1学期の通知表を踏まえて，変化や成長の様子がよりわかるように記載をする必要がある。

　所見を記述する際に，1学期末も同様であるが，次のポイントを留意しておくとよい。

①子どもの成長への見取り（教師が把握した事実とともに教育的な意味や意義を伝える）
　　例：国語「登場人物の思いを深く読み取る力が付いてきました」

②その事実を教師としてどう感じるか（教師の所見部分）
　　例：「(成長を)感じます」「……が友達のよい手本です」「……が微笑ましいです」

③教師としてどう支援しているのか・支援していくのか（教師の教育活動・抱負）
　　例：「……(努力を)支援してきました・いきます」「……褒めてきました・いきます」

　マイナスな行動や課題を記す場合は，読み手の気持ちを考えた表現をするように十分配慮しながら，学校としての手立てや教師としての期待を記すことが大切である。

（喜多好一）

子ども理解と仲間づくり

冬休みの生活指導

　基本的なことは夏休みの生活指導と同様である。2学期の学習や生活の成果を3学期につなげる期間として過ごせるようにする。ただし，冬休みは，年末年始があり，家庭での大掃除，親戚等で集まる機会，お年玉をいただく機会等があることを踏まえた指導を行う。

● 年末の大掃除

　年の終わりにして，自分の身の周りの整理整頓を冬休みにすることは大事なことである。大掃除の手伝いをすることにつながるようにしたい。身の回りのことをきちんと整えることの大切さに触れるとともに，年間を通して清掃する習慣がしっかり身に付くようにしたい。

● 新年の挨拶

　親戚が集まる場ではしっかりした挨拶ができるよう事前に指導しておきたい。「今年もありがとうございました。よいお年をお迎えください」あるいは「明けましておめでとうございます。今年もどうぞよろしくお願いします」という挨拶指導をする。また冬休み明けの学校生活でも挨拶した経験を生かし，適切に使えるよう声をかけたい。

● 家庭での金銭学習

　お年玉は，家庭において金銭学習をするよい機会である。保護者会などで，お金の管理や価値について触れるように促したい。

（小島久昌）

環境づくり

年末の掲示

私たちの枕草子

春は入学式
桜を見ながらのお花見は、いとをかし
新しい出会ひもあり、新しい気持ちになるとき

夏は運動会
日差しが強くなる中、体を動かし心も強くなる
暑さの中で飲む麦茶がおいしい季節

秋は文化祭
校舎のまわりの紅葉はいとうつくし
みんなで協力して作り上げるステージも赤くもえる

冬はスキー学習
真っ白の雪はふかふかで、冷たいけれどあたたかい感じがする
スキー場のロッジで食べるあたたかい肉まんはいとつきづきし

12月の掲示物として，中学校の特別支援学級での実践「私たちの枕草子（『春はあけぼの』オリジナルバージョン）」を紹介する。

『春はあけぼの』は春夏秋冬それぞれに感じたことや風流なことをまとめた随筆であるが，これをモチーフに，四季折々の魅力や感じたことなどを言葉や写真，イラストなどを用いて自分なりに表現する掲示物である。

12月になると，学校生活の中で春夏秋冬を一通り経験する時期であるため，「春は入学式……，夏はプール学習……」などのように，季節と学校行事を関連させてもよい。また季節の食べ物（例：夏はすいか……）や身のまわりの自然（例：秋は紅葉……）などの自分の好きなものなど，テーマを決めて春夏秋冬をまとめてもよい。

実際の『春はあけぼの』と同じように，よいと感じることだけでなく，気になることや嫌なことを入れても一人一人の個性が出ておもしろい。

基本的に表現する言葉は現代語（口語体）でよいことにするが，子どもの実態によっては歴史的仮名遣いを織り交ぜてもよい。また，随筆に添えて，内容に応じた写真やイラストを添えると，見ている人により伝わる掲示物になる。

（田近健太）

健康と安全

冬休みの健康指導

　日照時間が短い時期は子どもが家で過ごす時間が長くなる。冬休み中には、家族と過ごす時間を生かした子どもの健康づくりを考えていくことが大切である。

　夏休みの生活表を応用した取組を紹介する。

　約2週間程度の冬休みは一目で見やすい表を作れるため、家族誰もが毎日必ず使う冷蔵庫のドアに表を貼る約束にするとよい。

　年末年始は食事をする機会が増え、過食による体調不良を起こしやすく、風邪もひきやすい。そこで、生活表は起きる時間・寝る時間、朝ご飯・おやつ、手洗い・うがい、歯磨き等の項目で作成する。起きる時間は登校する日と30分以上遅れない範囲で時間の幅を3段階に設定し、子どもが選ぶようにした。寝る時間は20分の幅を持たせた。その日の評価はシール等を使いなるべく親子で振り返る。

　原則生活表は「早寝・早起き・朝ご飯」のリズムを基本とし重点項目だけを扱えば十分である。家庭の状況に配慮して保護者の負担にならないようにしたい。家族一緒に過ごす時間を生かした健康づくりを考えることが大切である。

（磯田登志子）

大掃除

　1年の最後12月に行う大掃除は，普段は手の届かない所もきれいにして新年を迎える行事でもある。そこで生活するみんなで協力して掃除をし，すっきりした気持ちで新年を迎えさせたい。

　4月と12月の教室を比べると様々な物が増えている。絵具セットや習字の道具，鍵盤ハーモニカや笛など一斉指導で使うものは教室で保管することが多い。

　12月は授業の見通しを立て，子どもが少しずつ学習用具を持ち帰るよう指導する。そのためには，子どもの荷物はこまめに確認をすることが大切である。担任もプリントやテスト，作品などは早めに評価して返却するなど，机上の整理を心がけたい。

　教室の荷物が片付けば大掃除がしやすくなる。普段は手の届かない所のほこりを払ってから自分のロッカー，床へと掃除する手順を子どもに体験させる。その際，危険な作業を確認することや，高い所から低い所へと掃除をしていくこと等の配慮事項もしっかり伝えたい。軽くなった机は廊下などに移動し，教室の床をみんなで雑巾がけをする。大掃除を通して，新年をきれいになった教室で迎える意義を子どもたちに理解させたい。

(磯田登志子)

学習指導

音楽の指導

鍵盤と楽譜に対応する色シールを貼る

身体表現を含めた音楽の授業を工夫する

　音楽の目標は，「表現及び鑑賞の活動を通して，音楽を愛好する心情と音楽に対して感性を育てるとともに音楽活動の基礎的な能力を培い，豊かな情操を養う」（平成20年版学習指導要領）である。楽しく音楽に親しむことを大事にした授業を行いたい。音楽の指導については，特別支援学級の担任が指導する場合以外に，交流及び共同学習として通常の学級で授業を受ける場合や，音楽専門の講師に指導を受ける場合がある。

　歌だけでなく，ダンスや身体表現も含めた音楽授業も取り入れていくことで，発達段階の異なる子どもたちの集団でも対応できる。また，小道具を工夫することにより，子どもの興味関心は高まる。ダンスを踊る時に，歌に登場する動物や乗り物等に関連する小道具を準備し，それを身に付けると役になりきることができ，活動が活発になる。「歌を歌ったり，体を動かしたりすることが楽しい」という思いを子どもにもたせたい。

　器楽の指導は，個別に丁寧に進めたい。鍵盤ハーモニカの学習を子どもの状態に応じて段階別に進めるために，色音符を使って合奏を行ったり，音楽家の方を招いて一緒に曲を作る等の取り組みを行ったり，様々な工夫をしたい。大事なのは，子どもの状態を見極めた上で，状態に応じた音楽の力を付けていくことである。合唱や合奏も一人一人の状態を把握して進めていきたい。

（高橋浩平）

3学期の指導計画の作成

「卒業・進級を祝う会」全員合奏の様子

祝う会の準備

　特別支援学級として年間指導計画に沿って計画的に指導を進めていくが，子どもの状態に応じて，学期ごとに計画を見直すことは必要である。特に，3学期は卒業，進級を控え，年度のまとめの時期とも重なる。学期としての期間も短い。担任間で「何を行っていくか」を共有することは非常に重要である。

　多くの特別支援学級では，1年間の学習のまとめとして「進級・卒業を祝う会」を行う。音楽や体育的なもの（跳び箱やなわとび等）の発表を兼ねたり，校内の教職員や保護者等を招いたりすることにより，子どもは意欲的に取り組む。1年生がはじめのことば，2年生が終わりの言葉，3年生が司会，4年生が準備係，5年生は6年生を送る言葉，6年生は卒業生としての発表，と学年ごとに役割を分担し，毎年行うことで見通しをもった行事とすることができる。こうした学級行事を円滑に進めるための計画づくりは大切である。また，学級文集づくりや卒業式練習，卒業アルバムづくり，学校全体の6年生を送る会等，年度末ならではの活動も多い。こうしたことを3学期当初に確認し，手順を整理して，「いつまでに」「何を」「どのようにして」行うかを計画することが大事である。

　また，次年度への引き継ぎにも配慮したい。卒業生・新入生の引き継ぎ，個別の指導計画や個別の教育支援計画の見直し等も計画的に行うことが必要である。

(高橋浩平)

交流及び共同学習

特別支援学級連合行事への参加

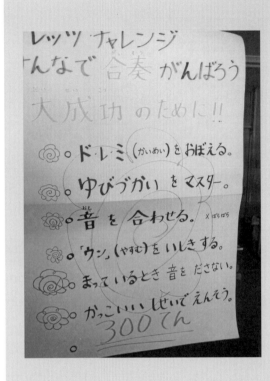

　特別支援学級では，宿泊学習や学習発表会など，特別支援学級だけで取り組むこともある。普段生活を共にしている特別支援学級の子ども同士で経験を積み重ねることができるよい機会となる。

　これらの活動は，近隣の特別支援学級と合同で行うこともある。当日の活動が実り多いものになるよう，担任同士で打ち合わせを重ねていくようにしたい。その際，次のことに配慮する。

　①子どもの自主性・自発性を促す活動になっているか

　②あと少しの努力で，自分でできる活動になっているか

　③他校の子どもたちとの関わりの場が適切に設けられた活動になっているか

　子どもたちは，これらの活動をとても楽しみにしており，学年を重ねるごとに，よりよい活動になるよう自分たちで工夫できるようになっていく。子どもたちが，自分たちのめあてを決め，達成するまでの活動計画を立て，その計画に沿って準備を進めていけるように支援していく。これらの活動への取組は，教科等との関連も多岐にわたるため，年間計画にしっかりと位置付け，計画的に進めていくことが大切である。

(齋藤陽子)

評価

個別の指導計画の見直し

● 積み重ねや経験が，成果として実る２学期

２学期は学習活動にじっくりと取り組むことができる時期である。様々な学校行事や，教科・領域を合わせた指導等の中で，体験的な活動を積み重ね，子どもはこつこつと力を蓄えていく。１学期から積み重ね経験してきたことが，成果として現れるのもこの時期である。たとえ小さなステップでも，その変容を担任は見逃さないようにしたい。その姿を担任間で共有しながら，個別の指導計画の見直しを進める。

● 的確な指導目標とポイントを押さえた指導・支援

年度当初に作成した個別の指導計画は，毎日の指導実践や評価・見直しによる修正等を経て，より子どものニーズを捉えた内容になる。学級としての一貫した支援体制も整ってくる。ここでは，重点化すべき目標や，次に取り組む課題等についても視野に入れて指導目標等の検討を進める。日々の実践の中では，ポイントを押さえた，より意図的な指導・支援が必要となる。

● 進級や進学を見通した指導目標の設定

特に，小学校６年生や中学校３年生は進学という大きな節目を迎える。進学した際に必要となる基本的な事項について，必要に応じて具体的な指導目標として設定し，指導・支援を行うことも重要である。進学に向けた期待感や意欲の高揚も期待できる。

(小島徹)

通知表の記入

【国語】
1学期は苦手意識があり、なかなか取り組めなかった平仮名の学習に、自分から積極的に取り組む姿が見られました。平仮名の半分くらいの読み書きができるようになりました。

【日常生活の指導】
服の前後がわかり、正しく衣服を身に付けることができました。ボタンについては、苦手意識が強く、取り組もうとしないことがあります。扱いやすい大きなボタンを使い、できることを実感させながら、進んで取り組めるように指導していきます。家庭でも取り組ませてみましょう。

【生活単元学習】
宿泊学習では、見通しがもてず、不安な表情を見せる時もありましたが、現地では元気に活動ができました。事後の学習に大変意欲的に取り組むことができました。

【特別活動】
係の仕事（黒板係）は、先生に声をかけられなくても、自分で気づき、取り組めることが多くなりました。

【総合所見】
今学期は、いろいろな場面で、苦手なことや不安なことに、自分から挑戦しようとする姿が見られました。そのことにより、できることが増えたり、まわりの友達との関わり合いが活発になったりし、見ていてうれしくなりました。不安を抱えながらも、宿泊学習に元気に参加できた姿に今後のさらなる成長が期待できます。身辺処理については、学校と家庭で課題を共通理解しながら、継続して取組み、確かな力を育んでいきましょう。

【図工】
絵具やのりで汚れることへの抵抗感が小さくなってきました。大胆な筆使いで、遠足の山登りの絵を描きました。はさみの扱いがうまくなり、曲線を一人で正確に切ることができました。

● 成長の手応えと実感を伝えたい。2学期の通知表

　担任と保護者とは、常に情報交換をし、学校生活での様子や変容、あるいは課題等について共有している。それでも、通知表に言葉として記載して伝えることで、日々の努力や成長した姿への実感は高まる。担任が何を重点に指導してきたかが保護者に伝わるとともに、担任自身も指導内容を整理し、再確認できるのが通知表作成の作業でもある。

● 連続性・発展性・見通しをもった記載を

　1学期の通知表の内容を踏まえて評価し、記載することが大切である。同じ場面や同じ活動を取り上げるのであれば、1学期からの変化や成長の様子がわかるように記載したい。同じ表記では、保護者に対して不安を感じさせてしまう。連続性や発展性を意識して記載事項を精選したい。また、乗り越えてほしい課題やそのための手立て・見通しを示していくことも重要である。学校と家庭が共有し、これからの励みとしていく事項となる。

● 「所見」を大切に

　各評価項目の中で記載した具体的な事実を基に、その子ども自身の持ち味やよさ、物事に取り組む意欲や姿勢、自立や社会参加に向けた取組や願い等、一人の人間として、その全体像を捉えながら記載したい。

(小島徹)

保護者・関係機関との連携

保護者会の開催

全体会

- **学級全体の様子**
  授業の様子、生活指導の報告、進路の取り組みなど、全体に関わる事柄。

- **各学年のかかわり**
  上級生と下級生のかかわり方、教え合いや学び合いなどの様子も。

- **交流、共同学習**
  他クラスや学校同士の交流学習、行事などを通じた共同学習の様子など。

学年会

- **各学年の様子**
  より細かい学年の様子や、生活年齢なりの発達段階を踏まえた家庭との連携の構築など、全体会の場では伝えきれない内容について、踏み込んだ話をできる場を設ける。

学年担任が決まっている学級では、全体会だけでなく学年保護者会も持てると良い。上級生や下級生の保護者の様子を全体会で確認し、その上で、学年保護者会で生徒の現在地点と今後の展開の話をより詳しく確認するよう意識したい。

年末の保護者会の進行

　2学期末の保護者会は、その学期の成果を確認し、共有することを主目的に行う。行事の多い2学期は、保護者に伝えたい子どもの活躍は山ほどあるが、「行ったこと」等指導の結果の単なる報告になってしまうことのないように注意したい。指導の方針や具体的な手立て、進捗具合や子どもの具体的な成長のエピソードなど、保護者との連携を基盤として行っている教育活動を一つ一つ確認しながら、成果の共有や情報交換を行うことが大切である。

　また、この時期の保護者会は、大きな行事等が終わったところに行うことから、保護者の関係の変化に注目するのも大切である。学級に対する保護者の不安や不満、不信などを感知することはもちろん極めて大切である。保護者会の話の中から見えてくる保護者の学級に対する期待感は充足されているか、保護者同士の関係は安心感を伴うものであるかなどの思いを感じながら、保護者と教師とのパートナーシップの在り方を考えたい。報告や連絡を適切に行いながら連携の在り方を正しく把握していくとよい。

（土方恒徳）

1月 3学期のスタート

今月のTODO

学級事務
- 次年度教育課程の編成

子ども理解と仲間づくり
- 冬の生活単元学習を通した仲間づくり
- 新年のめあて

環境づくり
- 書き初め展
- 冬の学級園
- 新年の掲示

健康と安全
- 規則正しい生活

学習指導
- 文集づくり
- 持久走の指導

交流及び共同学習
- 休み時間の交流

評価
- 個別の指導計画の作成・活用

保護者・関係機関との連携
- 特別支援学校の見学

 学校生活

　2週間程度の短い冬休み中，年末年始を家族とともにたくさんの思い出を作ってきた子どもたちが学校に戻ってくる。1月は，そのような子どもたちの冬休みの様子を把握し，冬休みモードの生活リズムから早急に学校生活のリズムを取り戻せるよう支援して，円滑に3学期をスタートさせる月である。また新年ならではの日本の伝統や文化行事を学校や学級を通して，体感させる月でもある。

　1月は「行く」，2月は「逃げる」，3月は「去る」と言われている。短い3学期の学級経営を円滑に運営するためにも，学級経営計画に基づいた確実な実施ができるよう配慮したい。

 学級経営の勘所

　今月の学級経営のポイントは，子どもたちの冬休みの生活を把握することと3学期の目標づくりである。

● 冬休みの生活状況の把握

　冬休み中は，短い期間ではあるが，多様な体験や経験ができる。年末であれば大掃除，大晦

日。新年であれば初詣，書き初め，正月の遊び等がある。また冬休みを利用した帰省，家族旅行等もある。子どもが冬休み中に何を体験，経験し，何に興味関心をもつことができたかを子どもと保護者から聞き取りをしておくことが，その後の指導に生かせる。

● 3学期の目標づくり

3学期の目標づくりは，2学期末の目標の反省を踏まえ，視覚化，動作化をさせながら子ども自身に設定をさせていく。その際，「しっかり」とか「ちゃんと」「がんばる」等の抽象的な表現は避け，具体的な行動目標に落とし込むことがポイントである。誰の目にも見て評価できる目標にするとよい。

例えば，「毎日，亀の世話を毎朝します。」と立てた子には，「毎朝，亀にえさを10粒あげます。」と具体化する。子どもの目標の達成度はチェック表で評価させたり，月ごとに振り返る場を設けたりして，子ども自身が進行管理できるような手立てを示しておく。それらの目標は教室内に掲示し，常に目にするように配慮する。

目標掲示の近くにできたらシールを貼る表を付けたり，目標掲示をカード化して裏返せるようにしておくと，意欲付けになる。常に子ども一人一人の目標を意識して，即時評価をし，行動の習慣化を図っていくことも心がけたい。

 仕事の勘所 -------------------------------------

特別支援学級担任として1月に行う大きな仕事は，次年度の教育課程編成資料の作成である。

学校は，すべての教育活動の根拠となる教育課程が一つ必ず作られる。しかし，特別支援学級では，自校の教育課程を踏まえながら，障害種別の特別な教育課程を作成する。

● 次年度の教育課程作成

この作成に向けて，各校ですでに行われている校内での学校評価同様に，特別支援学級内でも教師間で今年度の評価を行う。その際，課題の洗い出し，課題解決に向けた新たな手立ての検討を鋭意進めて，教育課程に文言として落とし込んでいく。次に教育課程編成案の作成の手順とポイントを記す。

○特別支援学級の教育課程の項目に合わせて学校評価表を作成する。
○学校評価表の項目ごとに，今年度重点にした手立てを記しておく。
　例：「温かい学級経営」の項目の手立てとして，「聴く」，「ふわふわ言葉」等，キーワードで記しておくと振り返りやすい。
○教師の数が3人以下であれば，項目ごとに話し合いをする。4人以上であれば記入式にして学級の主任が集約して後日話し合う。（付箋を使ったKJ法やブレインストーミングで策のアイデアを出し合うと，より手立ての内容が深まる。）
○教育課程には，新たな手立ての中で現実性があり，かつ効果のあるものを記載する。
○効果が薄かった手立てに関しては，積極的にスクラップしていく。

(喜多好一)

学級事務

次年度教育課程の編成

算数科 （5年A）（下学年対応）			算数科 （5年B）（当該学年対応）		
計画作成上特に工夫、配慮した事項	「量と測定」や「数と計算」領域の基本的な知識や技能が理解できるように、具体物を用いた算数活動を行うため、ゆとりをもった時数を配当した。		計画作成上特に工夫、配慮した事項	「数と計算」領域の基礎的な知識や技能を確実に身につけるために、ゆとりをもった時数を配当した。	
月	単元（題材・主題）名	時数	月	単元（題材・主題）名	時数
4	1 かけ算　　　　　　　　（11） 2 時こくと時間のもとめ方（6）③	14	4	1 整数と小数　　　　　　（5） 2 直方体や立方体の体積（10）	15
5	3 長いものの長さの測り方（4）④ 4 わり算　　　　　　　　（9）⑤	11	5	3 比例　　　　　　　　　（3） 4 小数のかけ算　　　　（12）⑪①	14
6	5 たし算とひき算の筆算　（8）	12	6	5 小数のわり算　　　　（13） ＊ どんな計算になるのかな（1） 6 合同な図形　　　　　　（9）②	17
7	6 あまりあるわり算　　　（6）	6	7	7 偶数と奇数、倍数と約数	7

子どもたちの実態から教育課程を作成する。

　就学時健診が終わり，就学に関わる相談が進むと次年度に入級してくる新しいメンバーの顔ぶれが徐々に決まる。いよいよ次の年の教育課程を作成する時期となる。まず考えるのは次年度の学級の概要である。子どもは何人在籍するのか。障害種や障害の程度はどうか。どんなグループ編成にするか。スタッフに変更はないか。例年とは違う学校行事や地域行事はないか。

　次に考えるのは，現在の学級の様子である。今年の学習や行事への取組，生活状況を振り返り，進級する子どもたちの姿を想像してみる。継続発展させたい内容，いったん休止して様子をみる内容などいろいろとシミュレーションしておきたい。

　特別支援学級では障害種別ごとに教育課程を編成する。前年度を踏襲するのではなく，前年度の教育活動を継承しつつ，新しく工夫された内容に進化させたいものである。子どもたちの実態からどのような課題があるのか，どのような学習・指導が必要なのかを見極め，それを実現させるための適切な教育課程を編成していくことが重要である。学校全体の教育課程を踏まえつつ，特別支援学級の教育課程を検討する。子どもたちのよりよい成長を目指す教育課程を全教職員の協働で作り上げたい。

（菅英勝）

子ども理解と仲間づくり

冬の生活単元学習を通した仲間づくり

　「書き初め」は,多くの学校で新年の行事として取り組んでいる。また,「昔遊び」については生活科で取り上げることもある。特別支援学級では日本の伝統と文化を尊重する意識を育むことや通常の学級との交流をねらい,「昔遊び」を単元として設定して実施していきたい。

「凧揚げ」：通常の学級の生活科で扱っている場合は,交流及び共同学習として実施することも考えられる。実施の際は,校庭の状況を配慮して危険のないように行う。

「コマ回し」：コマの種類はたくさんあり,簡単に回せるものから高い技能を要するものまであるため,様々なコマを用意するとよい。

「カルタ」：子どもの実態や興味関心に合った物を用意するとよい。取り札を全部出さずに,枚数を調整することで難易度の調整ができる。

「百人一首」：子どもの実態によっては百人一首の指導も可能である。冬休みの単元に留まらず,学期を通して学習することもできる。

　「昔遊び」を1年生の生活科との交流及び共同学習として展開する場合は,特別支援学級の上級生に遊びの手本を見せる役割なども与えることも考えられる。

(小島久昌)

新年のめあて

　学校では各学期始めにその学期の目標を定め，教室に掲示し，学期末にはその自己評価や，教師の評価を行っている。

　この目標を，その学期に学習する内容に即したものにすることも考えられる。例えば，「掛け算九九をすべて暗唱する」「プールで25メートルを泳ぐ」「2年生の漢字の書き取りで100点を取る」等である。また，生活目標としては「外から帰ったら必ずうがいをする」「合同移動教室で他の学級の友達を増やす」等である。

　事前指導では，達成したかどうかの評価を適切にできる具体的で明確な目標を立てることを意識させるとよい。

　新年のめあてについては，年度をまたがり，学年としての具体的なめあてを立てにくいことから，意欲面でのめあてを重視したい。例えば「いろいろなことに積極的に挑戦する」「漢字をたくさん覚える」「字をていねいに書く」「片付けをきちんとする」などである。

　これらのめあてを本人や保護者と相談して，個別の教育支援計画や個別の指導計画の修正につなげることも考えたい。

（小島久昌）

環境づくり

書き初め展

大きな半紙に、大きな筆で体を思い切り動かして書く。

ブルーシートを床いっぱいに敷き詰めて、思い切り書くと楽しめる。

　冬休み明けの授業、または冬休み期間中の課題として、書き初めを行うことが多い。家庭で冬休みの宿題として取り組む場合も、学校で取り組む場合も、教室内や廊下の掲示板を広く使って掲示を行う。半紙の大きさより少し大きい台紙（深緑、紺色等）を切って用意すると、作品の見栄えがよくなる。

　冬休み明けの2週間程掲示する間、教師で作品を確認し、それぞれのよかったところがわかる「賞」の名前をつけるとよい。例えば、一般的な金賞、銀賞、銅賞、努力賞、佳作でもよいが、「線が太くてよいで賞」、「字が大きいで賞」等、具体的なよさがわかる名称にする。また特別支援学級の教師の名前がついた賞に加え、「校長先生賞」、「教頭先生賞」、「用務員さん賞」と色々な人が見て評価したことがわかるようにするのもよい。

　興味をもって取り組むことができる書き初めの方法として、大きな半紙に、太い筆や、ペンキを塗る刷毛、使わなくなったモップなどの道具を使って体全体を使って書くことなどがある。また、墨を使うのではなく、絵の具を使うことで、文字に色がつき、子どもの独創性も表れる。絵の具を使用する場合は、半紙を小さめにして絵の具用の筆を使用させると取り組みやすくなる。

（山田明夏）

冬の学級園

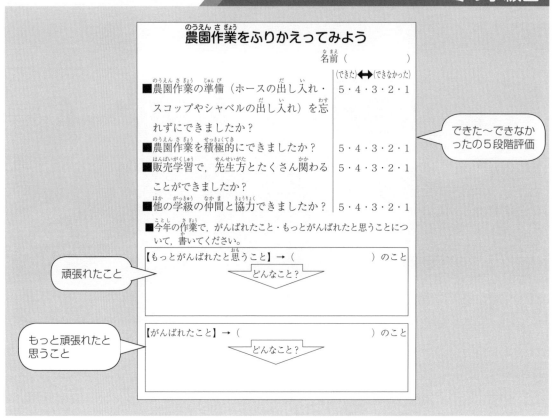

　この時期は，収穫作業が終了し，来年度に向けて学級園の手入れを行うことが多い。この作業を丁寧に行うことで，来年度のスタートが大きく変わってくる。

　作業内容としては，畑に腐葉土などを混ぜ，土壌がやせ細らないように手入れをする。子どもたちは，4月最初の畑起こしの際，ぎこちなかったスコップの使い方も，この頃までにはかなり上達してくる。その成長を認めながら，励まし，学級園づくりをさせる。

　また並行して，1年間の学級園での当番活動の振り返り学習を行う。振り返りシートの様式は，評価項目として「できた」や「できなかった」というような自己評価欄に留まらず，その理由についても考えさせて記載できるように工夫したい。特に来年度に向けて，反省を生かして「何をどのように頑張ったらよいのか」を明確にして書くよう促すことが大切である。

　この農園作業の振り返りは，学級における日常の当番活動に波及させていくことも大切である。農園作業は不定期な部分があるが，日常の当番活動は毎日行う。当番活動を忘れがちの子どもも出てくるので，日常の当番活動と関連させながら，忘れずに取り組むための手立てを考えさせたい。

（米内山康嵩）

新年の掲示

　新年の掲示物として，最初の登校日に新たな気持ちで登校した子どもたちに，教師からメッセージを送る「先生方からみなさんへ送る─○○年のこの一言！」を紹介する。

　冬休みに入る前に，特別支援学級に関わる教師に協力してもらい，子どもたちに送る言葉として，好きな名言，座右の銘，新年の抱負，魂のこもったメッセージなどをポスター形式にして作成する。他の学級の先生や校長先生・教頭先生など，普段関わることの少ない教師からメッセージをもらうこともよい。メッセージを依頼する際，子どもに伝わりやすい内容にしてもらうようにする。メッセージを通して，多くの教師とのコミュニケーションを図るよい機会になる。

　この掲示物を生かして子どもたち一人一人が「○○年のこの一言！」あるいは新年の抱負を考えて掲示する学習につなげていくとよい。

（田近健太）

健康と安全

規則正しい生活

　冬休み中に乱れた生活リズムを，早く学校生活のリズムに戻す必要がある。授業日数の短い1月である。その日の課題を後回しにせず，規則正しい生活をするために次のことに配慮したい。

　9月の生活表「さあ動かそう！ 体のスイッチ」と関連させた取組を紹介する。1月は「早寝，早起き，朝ご飯」に，休み時間，外遊び，宿題の項目を加え2週間のチャレンジとする。

　外遊びについては，その日の時間割を見て外に出る休み時間を子どもが決めるようにする。自分で決めて行動する経験も大切にしたい。1日に1回は外に出て体を動かすことを目標にした。

　宿題の項目はその日の課題を後回しにせず自分ですることをねらっている。5つの項目のうち1日3つ以上○がつくことを目標とし，週5日のうち3日（半分）以上目標に届けば達成とする。自己評価はその日の帰りの会で行い，宿題は翌日の朝の会で確認する。1週間ごとに自分の行動を振り返るようにする。9月と似たように見える生活表だが，取り組む時期によりねらいや方法は異なったものになる。短期間で集中して行う生活指導は達成感を味わわせることが大切である。

　規則正しい生活とは，生活のリズムを整えることである。学期の始めに短期間集中方式で取り組む生活表は，学校生活のリズムを整える手立ての一つである。子どもの生活リズムを整えるためにも，柔軟な対応力が教師に求められている。

（磯田登志子）

学習指導

文集づくり

　学級で作る「文集」は，子どもたちの作文力や心の成長の記録である。子どもたちが作文する上で，「将来の夢」「○年生になったら」といった，まだ経験していない未来への抽象的なテーマでは，イメージが膨らまず，単調な内容になってしまう傾向がある。ここでは一例として「クラスの歩み」といった文集づくりを取り上げたい。

　文集に掲載する作文は，各行事や生活の中での出来事などを題材に書いたものを個人ファイルにまとめておくとよい。自ら経験したこと，その時の感情や自他の成長を振り返り，作文指導を通して日々自分やクラスを見つめる機会にすることが大切である。次にクラスの仲間と歩んできた1年間の「クラス史」を作り，それに関連した項目ごとに役割を分担し，文集を構成すれば，この1年の学習活動の記録になる。自身の努力や成長だけではなく，仲間の協力や支えなどに目を向けさせれば，新たな発見や共感から人間関係の育成にもつながる。また，内容の企画や製本までの話し合いを含めれば，文集づくりを多岐にわたる学習へと広げることができる。他教科で取り組んだ作品の写真や絵，保護者の感想などを入れれば，よりクラスの記録として充実する。文集づくりは，子どもの力に応じて原稿用紙のマスの大きさや鉛筆の濃さ，文章量の調整が必要になる。また，個人情報的な要素が多く含まれるため，内容や配付する範囲など，事前の準備，本人や保護者の了承もしっかりと得ることが大切である。　　　（岩瀬敏郎）

持久走の指導

折り返す場所を変えて調整することで，交流学級の友達と一緒に参加することができました。その結果，本人の自信につながります。

　持久走大会で完走した喜びは，大きな自信につながる。また，学年や全校の行事として持久走大会を設定する場合は，通常の学級の子どもたちと交流を図るよい場面でもある。ここでは，そうした持久走大会を成功させるポイントを紹介する。

- **走るペースをつかませる**：スタートの合図と同時に勢い込んで走り始めるが，途中で疲れて歩いたり，立ち止まって休んでしまったりする子どもがいる。完走できるペースを練習の中でつかませることが大切であり，日頃から，始業前の活動の時間を利用した朝マラソンなどで，一定の速度で走る練習をする。音楽を流して，その時間を走り続けるようにして練習すると，子どもは自分のペースがつかめるようになる。
- **自己管理の指導**：持久走大会というと，走ることばかりに注意が行きがちであるが，走り終えた後の汗の始末や手洗い，うがいなどの指導も大切である。季節として風邪が流行しやすい時期でもある。一つ一つ，丁寧に取り組ませたい。
- **学年，学校との連携**：通常の学級の子どもたちと一緒に走る場合は，学年や学校の担当の先生と協力して，子どもの状態に応じたよりよい参加の仕方を検討する。例えば，スタートやゴールの位置を変えることで走る距離を調整したり，一緒に走る友達を考慮したりすることで，参加しやすくなるものである。

(堀口潤一郎)

交流及び共同学習

休み時間の交流

遊びの中には，他者と気持ちよく過ごすために必要なスキルを身に付ける機会がたくさんある。

　休み時間は自由時間なので，基本は好きなことをして過ごす時間である。しかし，「自由＝何をしたらよいかわからない」子どもも多いので，休み時間の過ごし方を具体的に教えることも必要である。

　子どもたちの好きな遊びに，鬼ごっこやドッジボールがある。この二つができるようになると，通常の学級の子どもとも遊びを通して関われる機会が増える。しかし，鬼ごっこを上手に遊ぶことが難しい子もいる。気持ちのコントロールがうまくできず，泣き出したり逃げ出したりするという状況が見られる。そのため，日頃の授業の中で勝敗についての耐性を培っておくことが必要となる。チームワークや勝敗が絡んでくる遊びでは，事前にルールや負けたときの対処方を確認しておくことが必要である。

　遊びの中には，他者と気持ちよく過ごすために必要なスキルを身に付ける機会がたくさんある。「入れて・貸して」「いいよ」「ありがとう」この言葉が言えるかどうかだけでも，人間関係は大きく変わってくる。まずは教師が率先して遊び，モデルを示すことが大切である。

（齋藤陽子）

評価

個別の指導計画の作成・活用

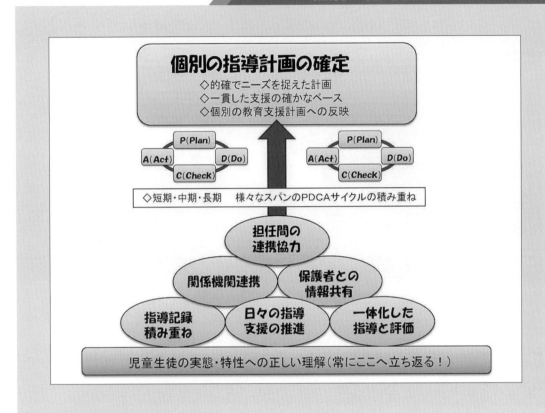

● 個別の指導計画の作成と活用

毎日の指導実践を中心に，見直しや検証，修正・変更を積み重ねながら，個別の指導計画の質は高まっていく。3学期の指導を開始するこの時期には，一人一人の子どもの教育的ニーズに的確に応える個別の指導計画になっていることが望ましい。引き続き修正等を行うこともあるが，これが進級や進学における引き継ぎや就学相談等に活用する資料にもなっていく。

● プロセスが大切

確定した個別の指導計画とはいえ，作成した当初の段階から，様々なプロセスを経ている。そのプロセスを資料としてぜひ残しておきたい。パソコンで入力するのであれば，上書きをしてしまうのではなく，見直す前の内容がわかるものを必ず保存しておく。手書きであれば，修正事項を赤字で書き替えていけばよい。どの時期に見直し，どう修正や変更，追加をしたのかがわかる個別の指導計画は，貴重な資料となる。

● 将来を見通しながら

この段階で，保護者に個別の指導計画の内容や経緯について説明し，理解を得ていく。そしてこの機会に，学校での取組や家庭との連携等にも触れながら，将来の進路，自立や社会参加に向けた願い，今後の取組等についてぜひ，保護者と話題を共有してほしい。

(小島徹)

保護者・関係機関との連携

特別支援学校の見学

進学先を知る
生徒の卒業後にはどんな進学先が考えられるのか。地域の進学先を知る取り組みを行う。総合的な学習の時間などを活用し、年間を通して行うと良い。

卒業後の生活を意識する
障害者生活就労支援センターやグループホームなどを見学し、学齢期を終えたあとの生活を具体的にイメージできる取り組みを行う。

先輩の話を聞く
卒業生を学校に招いて、先輩の話を聞く会を開催する。高等部に在学している卒業生だけでなく、就労している人、自立して一人暮らしをしている人など、さまざまな立場の人の話を聞けると良い。

このような取り組みは、生徒向けと時期を合わせて保護者向けにも同様の取り組みを行いたい。先輩保護者の話を聞く会や、支援センターの見学会を学校主催で行うのも良い。

進学に向けた取り組み（例）

中学校特別支援学級の子どもの卒業後の進路が多様化する現在、進路先となる特別支援学校の見学についても、その形式は学校ごとに様々である。そのため、この時期には、特別支援学校の見学に行く子どもや保護者に対する支援の形を工夫することが大切である。

● 特別支援学校の正しい情報提供
中学校で特別支援学級に在籍している子どもの保護者の中には、入学した時点では、進路についてあまり知識がない場合もある。キャリア教育を進めるのと同時に、保護者とも積極的な情報交換を行い、特別支援学校の教育内容や、卒業後に期待される自立の在り方など、特別支援学校の見学の前に、先を見通した指導や支援を行うことが必要である。

● 納得して進学をするための支援
進路先が多様化し、子どもや保護者が迷うことも多くなっている。上の例はある中学校で行っている進路に向けた取組の一部である。保護者との連携の中で情報量の増加に対応した進路指導を工夫し、子どもが自らの進路選択に自信をもち、納得して進学できるよう支援をしていくことが大事である。

（土方恒徳）

2月 1年間の学習のまとめと卒業に向けた取組

今月のTODO

学級事務
- 卒業関連事務

子ども理解と仲間づくり
- お別れ遠足

環境づくり
- 冬の掲示

健康と安全
- インフルエンザや風邪の予防

学習指導
- 総合的な学習の時間の指導
- 特別活動の指導

交流及び共同学習
- 交流学習のまとめ

保護者・関係機関との連携
- 個人面談

 学校生活

　2月の学校生活の中心になるのは，年度末のまとめに向けた取組と小学校であれば6年生，中学校であれば3年生とのお別れに関わる行事である。1年間の集大成をする意味でも，子どもたちの1年間の思い出等を綴った文集を作る学級も多い。また，学校全体でのお別れ会や卒業生を送る会の開催，卒業アルバムや卒業制作の作成，さらには学級独自のお別れ遠足等の校外学習を組み入れている学級も多い。

　2月は28日と1年で一番短い中，学級での取組と学校全体の取組がそれぞれに並行して行われていくため，学級での生活が慌ただしくなる。子どもたちの異学年での仲間関係を大切にしながら，年度末に向けた準備を丁寧に行っていきたい。

 学級経営の勘所

● 学習のまとめとお別れに関する行事を関連させた指導計画の作成

　今月の学級経営のポイントは，学習のまとめとお別れに関わる行事の学習内容を別々に取り扱うのではなく，できるだけ関連性をもたせながら学習計画を立てることが大切である。

関連性をもたせて学習計画を立てる例として，生活単元学習の単元「お別れ遠足」がある。しおりの学習や，切符の購入，電車や公共の場での過ごし方などの学習では教科別の指導等の指導内容に盛り込むことでまとめができる。また，「お別れ遠足」後は，その思い出を学級での文集の一つに加えたり，卒業生は卒業アルバムの作文に反映させたりすることで，卒業への意識を高めることにつながる。

● 卒業学年との連携

　卒業学年の担任との連携に関しては，少なくとも12月ぐらいの段階で，卒業式等に向けた全体の取組について詳細を打ち合わせして，2月を迎えたい。担任として，学級の子どもが見通しをもってストレスなく行事や取組に参加できるよう，事前にそれぞれの活動に関する計画に目を通して，通常の学級の子供たちとの交流，活動への参加のさせ方，費用負担，保護者への協力の必要性，特別支援学級としての仕事分担や配慮すべきこと等を知っておきたい。卒業関係の行事での成果は，そのまま卒業生にとって交流及び共同学習の6年間の評価となることも留意したい。

 仕事の勘所 ──────────────────

　2月は，おおむね下旬に個人面談（進路相談含む）があったり，3月の通知表作成準備をしたりと，一人一人の1年間の学びと育ちを振り返る月である。

● 個別の指導計画と個別の教育支援計画の修正

　1年間を集約するにあたり，基礎資料として重視しなければならないのが，個別の指導計画と個別の教育支援計画の二つである。12月に2学期末の評価を踏まえて修正を図ってはいるが，2月の段階では，個人面談と通知表作成に生かせる個別の指導計画と個別の教育支援計画にする必要がある。そのポイントを以下に記す。

　○個別の指導計画に記した各教科，道徳，特別活動，外国語等の目標の達成度，目標達成に向けた指導の手立てについてその効果を検討し，今後の具体的な目標と手立てを保護者に提案できるようにする。
　○個別の指導計画の中で，保護者や子どもに伝えたい最も達成し伸びている力を明確にする。
　○個別の指導計画を基にして，家庭で取り組める手立てを提案できるようにしておく。
　○個別の教育支援計画の修正に関しては，進学の際に引き継ぎ資料となることから，医療や関係機関と連携している状況，保護者や子どもの願い，重点とする長期目標と短期目標等を，個人面談等を利用して保護者から聞き取りをしてより活用できるものにする。
　○修訂した個別の指導計画に記した目標と手立ては，そのまま通知表の所見の内容に反映していく。

(喜多好一)

学級事務

卒業関連事務

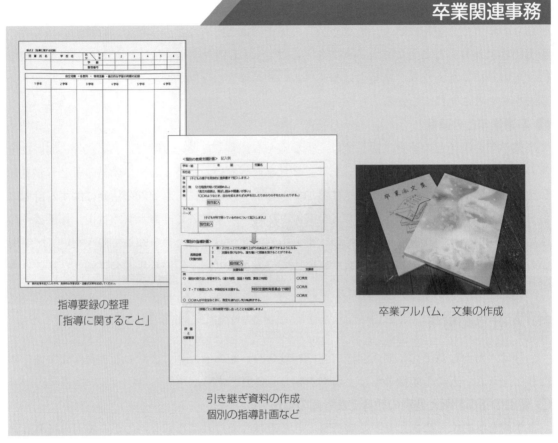

指導要録の整理
「指導に関すること」

引き継ぎ資料の作成
個別の指導計画など

卒業アルバム，文集の作成

◉ **指導要録の整理**

「学籍に関すること」「指導に関すること」などを記入・押印し，進学先に抄本を送付する。特に知的障害の教育課程を履修している場合，「指導に関すること」の欄は記述式であるため，計画的に取り組むことが重要である。

◉ **卒業認定資料の作成**

出席の状況や学力面等について，各校の書式に沿って作成する。卒業認定会において学校長の承認が下りたら，卒業台帳の作成を行う。

◉ **引き継ぎ資料の作成**

個別の指導計画や個別の教育支援計画について，保護者と今年度の評価を行う。その際，進学先での目標等についても相談できるとよい。また，対象の子どもの具体的な状況がわかる資料を添付するとさらによい。引き継ぐ資料等の扱いについては，個人情報であることを十分に配慮し引き継ぎたい。

◉ **卒業アルバム，卒業文集，卒業制作の作成**

◉ **卒業に関する諸費用の集金，会計報告　等**

（大原太一）

子ども理解と仲間づくり

お別れ遠足

　3学期には，卒業式を控え，お別れ遠足を実施する場合がある。一人一人の子どもが行程を理解し，公共交通機関の利用の仕方を理解したり，必要な金銭を自分で用意したりすることができるようにすることが大切である。

　交通機関の運賃については，切符を買うかICカードを利用するかは学級の実態によって選択するが，切符を買う場合は，金銭の扱いや自動券売機の操作等について事前学習が必要である。ICカードについてはその管理の指導が必要である。使用する交通機関や乗換駅，降車駅についても十分に子どもが把握してから出かけたい。

　また，「順番をきちんと守る」「使用した物は元の状態に戻す」等，一般の利用客を意識した行動面でのマナー指導もしたい。

　お別れ遠足が，卒業生や転校生との最後の校外学習という観点から，行き先や経験する内容について，対象となる子どもの希望を聞くことを考えてもよい。希望は決して一つにならないだろうが，長い期間一緒に生活してきた仲間の中で話し合い，折り合いをつけながら希望を絞っていくことでお別れを意識した活動となる。

　また，当日の行動グループについても，卒業生，転校生と来年度の在校生を組み合わせてグループを編成するなどして，お別れ遠足のねらいを工夫して設定したい。

（小島久昌）

環境づくり

冬の掲示

　中学校の2月の掲示物として，「がんばれ！受験生」を紹介する。

　中学3年生にとって，2月にある大きな出来事として高校入試がある。特別支援学級に在籍する子どもたちは，特別支援学校の高等部に進学する子どもだけでなく，普通高校等に進学する子どももおり，進学先は様々である。入試の日程も子どもによって違う。そのような3年生を応援する掲示物を作り，受験に向けた気持ちを高めていくことを目的に掲示物を作成する。子どもたち主導で掲示物を作らせてもよいが，まずは教師が応援メッセージを作ると，子どもたちはどのようなメッセージを書けばよいのか，具体的にイメージしやすい。

　3年生を応援する気持ちがダイレクトに伝わることに加え，後輩たちにも「中学3年生になると高校入試があること」や，「高校入試に向けて勉強をがんばらなければならない」ということが伝わる。中学1・2年生に対して，中学校卒業後の進学への見通しをもたせるきっかけにもなる掲示物である。

(田近健太)

健康と安全

インフルエンザや風邪の予防

　インフルエンザや風邪が流行しやすい時期は，手洗いやうがいをこまめに行う必要がある。水道の水の冷たさに，手洗いやうがいをしないで食事をしてしまう子どもは多い。うがい，手洗いの指導は，養護教諭と連携を図り，手洗いの歌や絵により行うとよい。その際，蛇口の使い方も，合わせて指導したい。

　インフルエンザや風邪の予防については，養護教諭に専門的な指導をしてもらうのもよい。保健室にある指導用の資料や器具を使った指導は，子どもたちにとって効果的である。

　空気が乾燥する時期は，目や鼻がパサつき口やのども渇く。鼻やのどを潤す効果があるとされる口を動かす体操の取組や，口をすすぎうがいをしてから水をこまめに飲むことなど，子どもが好ましい行動を取れるよう教師が率先して実行することが大切である。

　他にも「早寝，早起き，朝ご飯」や「食生活」など睡眠や栄養をおろそかにしないように気をつけたい。偏った生活のリズムにならないように時と場を見極めて指導を行う必要がある。

（磯田登志子）

学習指導

総合的な学習の時間の指導

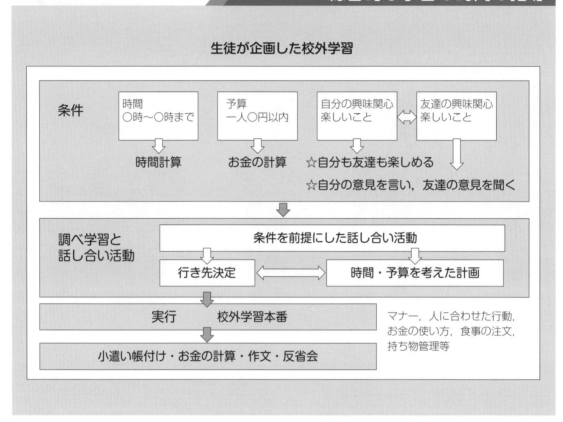

　総合的な学習の時間は，特別支援学級の授業として実施する内容に加え，通常の学級との交流及び共同学習あるいは，複数の特別支援学級が合同で実施するなど様々な形態で取り組まれている。

　活動内容については，子どもの興味関心に基づく課題や，地域や学校の特色に応じた課題等，学校や地域，子どもの状態に応じて創意工夫を生かした活動を展開することが大切である。生活単元学習が，生活上必要な課題を具体的な活動を通して身に付けさせることをねらいとしているのに対し，総合的な学習の時間は，自ら課題を見つけ，自ら学び，自ら考え，主体的に判断し，よりよく問題を解決する力を付けるというねらいが活動そのものの中で達成されるものである。

　指導計画の作成に当たっては，指導する教師が明確なねらいをもって行う体験活動を重視し，学習活動が効果的に行われるように配慮することが大切である。

　例として，中学校特別支援学級で行った「生徒が企画した校外学習」を取り上げる。出発と帰宅時間，予算，「みんなが楽しめること」という条件だけを提示し，その条件の中で話し合い，行き先や日程を考えて校外学習を企画，実施することを通して主体性を育てるようにした。調べ学習や話し合い活動を組み込むことにより，自分の興味関心から友達の興味関心に気づき，楽しめる企画にするため主体的に関わろうとする力が育つことをねらいとした。　　　（齋藤道美）

特別活動の指導

中学校の特別支援学級3年生の修学旅行への参加

生徒	A（男子）	B（女子）
ねらい	通常の学級の生徒と楽しく過ごす。自分で判断して行動する。	保護者と離れて宿泊する。自分で判断して行動する。Aと楽しく活動する。
宿泊	通常の学級の生徒と一緒に3人部屋	特別支援学級担任と一緒に2人部屋
ホテルの食事	通常の学級の生徒と一緒	通常の学級の生徒と一緒
企業訪問	通常の学級の生徒と一緒にグループで訪問	特別支援学級担任と二人でBの興味関心に基づいた職場見学
自主研修	午前は，Bと特別支援学級担任2名と合計4名で計画した自主研修。午後から夜にかけては特別支援学級担任と2人でテーマパーク。	午前は，Aと特別支援学級担任2名との合計4名で計画した自主研修。昼にホテルに戻って休憩後，午後テーマパーク。夕方ホテルに戻って休憩。
夜の観劇	通常の学級の生徒と一緒に参加	ホテルで休憩，荷物整理，小遣い帳。

　特別活動の内容は，学級活動，児童会活動・生徒会活動，クラブ活動（小学校のみ），学校行事である。これらの集団活動を通して経験を広め，自主的な態度を養い，社会性や豊かな人間性を育むことをねらう。少人数の特別支援学級の場合，他の学級や学年と合同で行うなど，望ましい集団活動が行われるように，集団構成に配慮する必要がある。また，通常の学級の子どもと交流及び共同学習を行ったり，地域の人々と活動を共にしたりする機会を積極的に設けることも必要である。その際，一人一人の子どもの障害の状態や特性，経験等に配慮して，活動の内容や時期，実施方法等を適切なものにすることが大切である。特別活動の指導計画の作成に当たっては，各教科や道徳，自立活動及び総合的な学習の時間や生活単元学習等との関連を図ることについても留意し，個別の指導計画の中にも明記したい。

　例として，中学校の特別支援学級の3年生2名の修学旅行への参加を取り上げる。

　修学旅行へは，通常の学級の子どもとともに3年生の一員として参加した。参加については，修学旅行全体の計画を基本として，本人の希望や保護者の考え，修学旅行における学習課題，生活経験，通常の学級の子どもとの関係，健康面での配慮事項等を考慮し，特別支援学級の担任と3学年の担任とが相談しながら実施した。総合的な学習の時間や生活単元学習，国語の時間，特別支援学級の授業や学年集会で事前事後学習を行った。

（齋藤道美）

交流及び共同学習

交流学習のまとめ

　2月は，一年間の子どもの学習を評価し，保護者と共有することが大切である。特に交流学習については，個別の指導計画を評価する時に振り返り，次年度どのような形で行うか見通しを立てておくと，4月のスタートがスムーズになる。また，通知表に交流の様子欄を作り，その振り返りを記録として残しておくとよい。

　交流学習のまとめは，年度末に一度に行うより，活動ごとや単元ごと，また日々担任同士で確認した方が効果的である。交流ノートを作成し，交流学級担任に記入してもらう方法もある。交流学級担任と普段から情報共有をしている中で，大切な内容が含まれている場合も多いのでこまめに確認をとりたい。

　子どもには，交流してどうだったかを聞くとともに，学期ごとに振り返りシート等で，具体的な内容をチェックしておくことが大切である。また，学習で使ったワークシートや作った作品等も保管しておくと（図工の立体作品は写真に撮って実物は返却する），評価の時に役立つ。

　大事なことは，子どもの人間関係のチェックである。次年度の学級編制を決める手がかりとなるので，安心して関われる子どもは誰か，必ず確認しておくことが必要である。

（齋藤陽子）

保護者・関係機関との連携

個人面談

生徒の現在地点の確認	手立ての確認・修正	目標の確認・修正
・できていること。 ・できなかったこと。 ・できるようになりたいこと。	・成長に向けた手立ての振り返り。 ・うまくいった手立てとうまくいかなかった手立ての確認。 ・その理由の確認。	・短期目標の達成状況。 ・長期目標の進捗状況。 ・新たに生まれた意欲。 ・次の目標についての確認。

→ がんばりを認め合い，その中から新たに生まれた意欲を共有しよう

学年最後の個人面談は

　3学期の個人面談は，進級を意識して行う。面談の中では，現在の状態とこれから向かうべき方向をきちんと確認することが大切である。また，保護者面談や三者面談では，この時期は，教師は聞き役に回ることも大切である。子どもにとって，保護者や教師の前で「自分はこんなにがんばったよ！」と自分をPRすることはなかなか難しいことであるが，大人の前で自らの1年間を振り返り，成長したことを共有したい。保護者についても，共に喜びたい子どもの成長の姿は多いので，子どもが頑張った話や，これから期待している話などを話題にしたい。

　今年度，子どもが成し遂げた成長と，積み残した課題を踏まえて，来年度以降の方向性を検討したい。個別の指導計画や個別の教育支援計画の加筆，修正も行いながら，今年度の残りの期間を充実して過ごす方策を相談するとともに，次年度に向けた取組を着実に進めたい。

(土方恒徳)

3月 修了式と卒業式

今月のTODO

学級事務
- 次年度引き継ぎ資料の作成
- 教育課程届け

子ども理解と仲間づくり
- 進級を祝う会

環境づくり
- 卒業生を祝う掲示
- 春の草花の準備

健康と安全
- 春休みの生活指導
- 食物アレルギー計画の作成

学習指導
- 次年度指導計画の作成

交流及び共同学習
- 卒業式への参加

評価
- 通知表の記入
- 個別の指導計画の見直し
- 指導要録の記入

保護者・関係機関との連携
- 卒業生を送る会
- 関係諸機関との連携

 学校生活

3月の学校生活の大きな行事は，修了式と卒業式である。特に卒業式に向けて，小学校であれば，学校規模にもよるが高学年が，中学校であれば全員が式に参加をする。3月に入ると連日，その式に向けた全体や個別の練習が設定される。卒業生を含め参加する特別支援学級の子どもにとって，見通しをもたせる上で事前の学習は大事であるが，交流する時間に多く時間が割かれ，学級として落ち着いて1年間の集大成をすることが難しくなる月である。

3月は特別支援学級として，独自の学習発表会等，1年間の成果を保護者に披露する場を設けている学校も多い。学級としては，子どもたちとともにじっくり1年間を振り返りながら，進学，進級の意識を高めたり，春休みの生活指導をしたりしていきたい。

 学級経営の勘所

3月の学級経営のポイントは，1年間で身に付いた力を子ども自身，そして保護者に実感させること，そして厳粛な修了式や卒業式に意識をもって参加させることの二つである。

◉ **1年間の成長の確認**

　学習発表会等で保護者に子どもの成長を見てもらう機会を設けている学級では，発表内容の選定と見せ方を工夫したい。発表内容は，担当教師が１年間で最も成長した姿を事前にいくつか選定しておき，子どもに選ばせるとよい。見せ方に関しては，子どもから頑張ったところ等の説明，教師からの教育的な価値付けを補足する。また，発表後は，見ていた子どもからの感想に加え，保護者から感想を聞く場も設けたい。

◉ **修了式，卒業式への参加**

　式への参加意識を高めるためには，学級での式に関する指導を充実させることが大切である。卒業式の事前指導では，卒業生に小学校からお別れをする式としての意識を高める声かけをするとともに，在校生にはこれまでお世話をしてくれた卒業生への感謝の気持ちを伝える場としての意識付けを，それぞれ繰り返し行いたい。

 仕事の勘所 -

◉ **１年間の成長の振り返り**

　学習発表会等では，学級として１年間行ってきた行事や様々な学習を子どもたちとともにじっくり振り返りたい。しかし，４月から３月までの行事を振り返る時に，教師からの口頭の説明や短冊の紹介に終わらせては実感が乏しく寂しい。ぜひ，次のような視覚化，ゲーム化を図って工夫するとよい。

　○各行事ごとに撮りためた子どもたちの様子が写った写真やビデオ，子どもの作品を紹介する
　　例：映像を一本の動画にしてテレビやプロジェクタ等で写す。
　　　　行事ごとの拡大写真や子どもが描いた絵を板書する。
　○行事を紹介する際に，クイズ形式にして想起させる
　　例：「○○山ハイキングで一番に山頂に到着したのは誰でしょう」
　○行事の紹介の際，実際にその場で再現できるものはする
　　例：運動会で表現した踊りを衣装を着て踊る。
　○４月から３月までが時系列になるような板書にし，楽しかった行事を選ばせる
　　例：黒板に行事後の写真を貼って紹介した後に，一人一人一番楽しかった行事を選び，自分の顔写真カードを選んだ行事に貼り付ける。

　学習発表会では，卒業生とのお別れ会を兼ねる場合もある。その場合は，写真やビデオに卒業生の頑張りや下級生との関わりの場面を意図的に入れることも留意するとよい。　　（喜多好一）

学級事務

次年度引き継ぎ資料の作成

　特別支援学級の子どもたちが新しい生活にスムーズに適応できるかどうかは，前担任が年度末に，個別の教育支援計画や個別の指導計画等の引き継ぎ資料をどう作成し，引き継いだかにかかっている。3月に入ったら，子どもにとって必要な情報が，新しい担任や進学先に確実に届くよう，引き継ぎの準備をする。

　これまで作成してきた個別の指導計画が大切な引き継ぎ資料となる。また，個別の教育支援計画については，年度末までに見直しを図りたい。特別支援学級の担任は，保護者から連絡帳や面談を通して日々多くの情報を得ている。医療関係の情報として医療的な診断や諸検査の結果，福祉的な情報として放課後等デイサービスの活用等も引き継ぐ情報である。記載事項の追加や訂正は確実に行い，保護者の了解を得た上で，新しい担任や進学先に引き継ぎたい。

　給付された教科用図書一覧，交流及び共同学習の状況，学習状況のチェックリストや，活用してきた自作プリント，子どもが得意としていることや苦手なこと，友達関係，効果を上げた支援方法，健康面・安全面の配慮事項，保護者の希望等についても，次年度に確実に引き継げるようにまとめておくとよい。実際の引き継ぎでは，資料を受け渡すだけではなく，話し合いの時間を作り，内容を十分伝える工夫をする。

（三木信子）

教育課程届け

```
┌─────────────────────────────┐  ┌─────────────────────────────┐
│       教育目標の例            │  │       配慮事項の例            │
│ *学校のものにあわせて特別支援学級の目標 │  │ ・教科によって全体指導，グループ │
│  を作成する                   │  │  指導等，指導体制を工夫する。   │
│ [学校目標]   [特別支援学級の目標] │  │ ・体験的な学習を重視し，地域の理 │
│ 自ら学ぶ子→やってみたいと思う子 │  │  解と連携を深めるため，日常的に │
│ 心豊かな子→友だちが好きな子    │  │  校外活動に取り組む。          │
│ たくましい子→よく遊ぶ子       │  │                              │
└─────────────────────────────┘  └─────────────────────────────┘

┌──────────────────────────────────────────────────────────┐
│       特別支援学級の教育目標を達成するための基本方針の例        │
│ ・余暇を充実して過ごすためにいろいろな遊びや運動に親しむ場を設ける。│
│ ・体幹を鍛えるための運動に毎日取り組み，心身ともに健康に過ごせるよう日常的に│
│  指導する。                                                │
│ ・他校の特別支援学級との交流の機会を作り児童間の親睦を図るとともに，肯定的な│
│  自己理解を育てる。                                        │
└──────────────────────────────────────────────────────────┘
```

　教育課程届けは次年度どういう教育活動をするかを教育委員会に届け出るもので，各学校の教育計画である。特別支援学級は独自の教育活動をするため，通常の学級とは別に教育課程を作る必要がある。教育基本法や学習指導要領などに基づき，学校の教育目標と対応させた教育目標を設定する。「教育目標を達成するための基本方針」や「配慮事項」などには，これまでの実践の積み重ねと次年度の子どもの状態を分析し，教育目標の実現を目指して教育内容を具体的に記入していく。

　また，学級が特別支援学校の各教科内容に基づいて授業を行っていくのか，または通常の学級の下学年の教科目標に基づくのか，またその授業時数を示す（特別支援学校の教科の目標は通常の学級のものと異なって，より具体的体験的なものを目指している）。子どもの実態から特別支援学校の学習指導要領をどのように参考にするかをよく検討する。総授業時数は通常の学級の同学年と同じであるが，各教科をどのように配分するか，各教科を合わせた指導（日常生活の指導や生活単元など），交流および共同学習等については子どもの実態に沿って明確に示す必要がある。教育課程編成に当たっては，担任間で共通理解を図り，管理職とともに十分に考え，組織的・計画的に進めたい。

（小池えり子）

子ども理解と仲間づくり

進級を祝う会

平成●年度　卒業・進級を祝う会
○○立○○小学校　○○○学級

一　はじめの言葉
二　斉唱「翼をください」
三　思い出のアルバム　パート1
　「そらエリア」…………………一年
　「元気アップタイム」…………一年
　「プールでの学習」……………一年
　「ふれあいコンサート」………一年
　「運動会・アニマルダンス」…一年
　「カレーうどん」………………二年
　「合同移動教室」………………二年
　「気持ちを合わせて」…………四年
　「WinterFesta」…………………四年
　「WinterFesta」…………………四年
　「漢字検定」……………………四年
　「跳び箱」………………………四年
　「跳び箱」………………………五年
四　（休憩）
五　思い出のアルバム　パート2
　「長縄」…………………………三年
　「図工・色トリ鳥」……………五年
　「おひさま農場」………………二年
　「校外学習・水族館」…………一年
　「サッカー」……………………二年
　「環境委員会」…………………四年
　「演劇クラブ」…………………五年
六　合奏「チェリー」
七　卒業生のコーナー（卒業生と保護者の方から）
　「六年生までを振り返って」
　「私の成長」
　「頑張ったことと感謝の気持ち」
八　校長先生のお話
九　斉唱「気球に乗ってどこまでも」
　おわりの言葉

「卒業・進級を祝う会」などの名称で，学習発表会としての内容を組み入れた行事を実施している特別支援学級が多い。一人一人が卒業生を送り出す気持ちと，進級する新たな気持ちが表れる運営を行いたい。

ここでは「卒業・進級を祝う会」の運営について紹介する。

○日時→保護者やお世話になった方の多くの参加が期待できる日時を検討して，設定する。
○招待者→保護者，子どもがお世話になっている地域の方，旧担任等
○内容→全員：合唱・合奏
　　　　在校生：1年間で一番思い出に残った行事・学習の作文発表（暗記）
　　　　卒業生：6年間で思い出に残った行事・学習の作文発表
　　　　卒業生の保護者：子育ての思い出，これからの期待

通常の学級の子どもは進級するごとに，学校生活を送る教室が変わる。しかし，特別支援学級の子どもは教室が変わらないことが多く，進級の実感が乏しい。このような行事を通して，十分に進級の喜びを実感させたい。また卒業生の保護者にも話をしてもらう機会を設け，保護者も含めて特別支援学級への所属感を高めていきたい。

(小島久昌)

環境づくり

卒業生を祝う掲示

下級生が上級生の卒業を祝うためには，卒業するとはどういうことで，どのような気持ちで取り組むべきなのか，導入をしっかり行う必要がある。上級生への「感謝の気持ち」を十分に引き出してから，掲示物づくりに取り組ませるようにしたい。

3月の掲示は，1年間，行事ごとに撮りためていた写真の中から上級生との思い出深い写真にする。月ごと，行事ごと，または季節ごとに写真を数枚選ばせる。その際大事なのが，できるだけ子どもたちに選ばせることである。

選んだ写真は，月ごと，行事ごと，または季節ごとに台紙を用意し写真を並べて貼る。台紙は，画用紙や模造紙で作成する。季節ごとに写真を分けて貼る場合は，春は「桜」，夏は「ひまわり」，秋は「イチョウの葉」，冬は「雪の結晶」など形を決めて画用紙をはさみで切り，写真のまわりに貼るなどする。

掲示板そのものをお祝いの装飾にすることもできる。「思い出の木」と題して桜の木を画用紙等で作り，その枝の先に写真を貼る。似顔絵が得意な子どもがいれば，卒業生の顔を描いて貼ってもらうのもよい。卒業生が毎日歩く廊下の壁に，カラフルな丸を模様にして貼るだけでも華やかになる。みんなで個別に作業したものをつなぎ合わせ，最後に一つの壁の絵にする等の作品づくりにも，協力して取り組める。

（山田明夏）

春の草花の準備

> **農園作業で何を作りたいですか？**
>
> 名前（　　　　）
>
> 今年の農園作業も無事終わりましたね。そして，来年に向けての準備もお疲れさまでした。
>
> さて，今年はトマト・ミニトマト・なす・ししとう・ピーマン・ズッキーニを作りましたが，来年は何を作りますか（作りたいですか？）。
>
> 来年はいない３年生も，一緒に考えてもらえたらうれしいです。
>
> ■来年度作ってみたい野菜（果物）は何ですか？
> 　理由があればそれも書いてください。
>
> | 野菜(果物)の名前 | 作ってみたい理由があれば……（こんな料理を作ってみたい，など） |
> |---|---|
> | ① | |
> | ② | |
> | ③ | |
> | ④ | |

＜吹き出し＞アンケートを取って，子どもの意見も取り入れて学習活動を決める。

　３月は，次年度の学級園に植える花や栽培する野菜の準備が必要である。花や野菜の選定は，教師側で学習活動を勘案して決めてもよいが，できれば子どもの意見も取り入れるとより意欲的に活動ができる。

　どのような学級園にしたいのか，栽培する植物を何にするのかをアンケートを取るとよい。また，次年度に向けて，「また頑張って栽培をするぞ」というモチベーションをもたせる工夫も必要である。

　例えば，中学校の特別支援学級では，学級園で栽培した野菜の売り上げ収益の一部を使い，校外学習の際の昼食代に還元している例がある。その際は金銭の取り扱いについて指導する。普段はあまりコミュニケーションを取ろうとしない子どもでも，お店で昼食を取ることがモチベーションになり，栽培活動の意欲付けになる。中学生にとって，自分が頑張って働いたことが，報酬として返ってくるという経験は，後の就労準備にもつながっていく。小学校においても，根気のいる栽培活動への継続的な意欲付けの工夫をしていきたい。

（米内山康嵩）

健康と安全

春休みの生活指導

　学校の1年間が切り替わる春休みは，子どもが「自分の持ち物を整理し片付ける」よい機会である。教科書やノートは次の学年との関わりを考えてすぐ見直せるように保管をしたり，学習用具の記名や補充をしたりすることは大切である。子どもだけで難しい場合は，家庭の協力も必要である。また，交通事故やけがに注意すること，登校時刻に間に合うように起きることを柱に子どもが自分で行動する力をステップアップできる春休みにしたいものである。

　小学生で身に付けた習慣は，その後の社会生活にも生かされる。学校生活の中で行う生活指導が子どもの生活行動を支える力の一つになる。3月は，挨拶や返事をする，時間を守る，授業の準備をする，使ったものは元に戻す，手洗いやうがいをするなど1年間の生活を振り返る時間を子どもともつことが必要である。自分の生活に目を向けることができるのもこの時期であり，一年間の振り返りをもとに，学級経営のまとめをすることが大切である。

　春休みは年度の切り替えである。自分が使ってきたものを片付けて心と物を整理すること，新年度に向けてどんな自分になりたいかのイメージをもつことができればよいと思う。

(磯田登志子)

食物アレルギー計画の作成

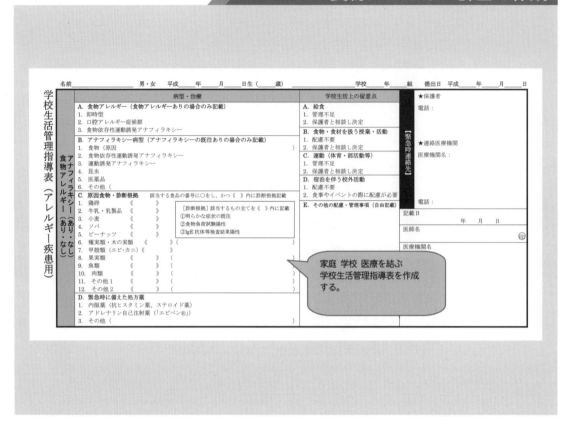

　見えない体の中の異変「食物アレルギー」は，命に関わることもある。学校・学級に在籍するアレルギー疾患の子どもについては，全職員で情報を共有する必要がある。職員の異動の時期と重なり学年末の事務整理は多忙を極めるが，アレルギー疾患に対する配慮・管理が必要と思われる場合は，子どもをよく知る教職員がいる間に情報を整理し，新年度に向けて食物アレルギーの対応計画を立て，必ず引き継ぐことが大切である。特に担任が交代した場合は，養護教諭や給食・食育担当者，並行学年の教師などが集まり情報交換をする日時をはっきり決めておきたい。

　医療機関と連携し，保健主事や養護教諭がアレルギー疾患についての研修を受け，全職員に伝達したり，エピペンの模型で使用法を練習したりするという学校も増えてきている。

　アレルギーを起こす食物は子どもによって違うため，給食では個別の配慮が必要である。徐々に食べる量を増やしていく指導ができる子もいれば，原因となる食物だけでなく，成分が微量でも体に触れればアナフィラキシーショックを引き起こす子もいる。急速に症状が変化する可能性があると考えて，緊急時の対応をシミュレーションしておく必要がある。家庭・学校・医療を結ぶ学校生活管理指導表の作成と適切な活用が重要である。

（磯田登志子）

学習指導

次年度指導計画の作成

ひまわり小学校　1年　たんぽぽ組　年間指導計画

			4月	5月	6月	7月	9月	10月
	学校行事		始業式・入学式	運動会	プール開き	終業式	始業式・作品展	学習発表会
領域・教科を合わせた指導	日常生活の指導		学校のきまり/ランドセルの片付け方/ロッカーの使い方/トイレ	うがい・手洗い/給食/丈夫な身体/挙手と返事	雨具の始末/係りの仕事/給食の配膳/台布巾の使い方	衣服の着脱とたたみ/片付け/汗ふきタオルの始末のしかた	持ち物の整理整頓/掃除のしかた/歯磨き	係りの仕事/挨拶のしかた/職員室に行くとき
	生活単元学習		学校探検をしよう	楽しい運動会	水遊びをしよう	もうすぐ夏休み	夏休みの思い出	劇遊びをしよう
領域	道徳		みんなで使うもの【交流及び共同学習】	新しい友達【交流及び共同学習】	やくそく	きけんな遊び【交流及び共同学習】	きれいにすればいい気分	挨拶【交流及び共同学習】
各教科	国語		みんなの前でお話ししよう	教えて好きなこと	短いお話 えんぴつで書く	平仮名の運筆	お話を聞こう なぞなぞ	おおきなかぶ
	算数		どっちが大きい	多い・少ない	数の順番 色板遊び	5までの数 5までのたしざん	量をくらべよう	10までの数
	音楽		マイクで歌おう 歌っておはよう	リズムに乗って運動会ダンス	きょうも雨降り かえるのうた	グーチョキパー手遊び歌	合奏 大きなかぶ	大きなかぶの歌
	体育		学校の遊具 ならびかた	かけっこ玉入れ【交流及び共同学習】	おにごっこ めいろあそび	ボール運動 水泳	水泳 ジャンプで遊ぼう	サーキット

　年度も終わりに近づいたら，次年度の年間指導計画を作成する。また，年度末は個別の指導計画に記載した各項目について評価を行う時期である。評価を通して，その1年間で一人一人が身に付けた力や今後の課題が明確に見えてくる。子ども自身が獲得した力を生かし，進んで次の課題に取り組みたくなるような指導を計画したい。

　特別支援学級の生活単元学習では，特に，実際の場面に合った具体的な課題を設定することにより，子ども自身が主体的に解決を図る過程が重視される。小中学校や特別支援学校の学習指導要領を基に，主体的な課題解決が予測される指導内容を精選して単元を構成する。そして，最も適切な実施時期や時数を考えて，各教科や領域・教科を合わせた指導の単元を配置する。例えば，プール開きの時期には，水泳に抵抗がある子どもの実態に合わせて，生活単元学習「水遊び」を配置したり，学習発表会の時期には，国語科の単元「調べたことを発表しよう」を配置したりすることにより，単元設定に必然性が生じ，子どもがすすんで取り組み，達成感も成就感も味わいやすくなる。

　このように，年間指導計画は，子どもの実態はもとより，学校行事，学年行事，地域の行事や季節を踏まえて作成することが重要である。交流及び共同学習の予定など，通常の学級における学習活動とのつながりを考えることも大切である。

(三木信子)

交流及び共同学習

卒業式への参加

卒業式の大まかな流れ
①入場
②証書授与
③呼びかけ
④式歌
⑤退場

　卒業式は，小学校生活の中で最も重要な行事である。記憶に残る卒業式を迎えるためには，時間をかけて丁寧に練習に取り組む必要がある。

　卒業式の大まかな流れは，①入場，②証書授与，③呼びかけ，④式歌，⑤退場である。これらのことをしっかり行えるようにする。早めに個別の練習を行い，スムーズに学年練習に参加できるようにしておくとよい。

　式を迎えるに当たって留意する点は，次の4点である。
①入退場のタイミング→交流学級に入って一緒に歩くのか，特別支援学級で独立して歩くのか。
②座席の位置→担任席から見える席にすると，何かあってもすぐに対応できるのでよい。
③証書授与の呼名→保護者に学校の意向を伝え，了承を得る。
④呼びかけ→発言の苦手な子どもの場合は，なるべく短い台詞にする。

　卒業式は学校全体の行事なので，必ず職員会議等で，特別支援学級の子どもの動きは共通理解を図る必要がある。また，保護者によっては式に臨む考え方が異なる場合があるので，学校としての見解を伝えた上で，保護者の希望と擦り合わせていくようにする。

　また，卒業式は正装での参加になるため，服装へのこだわりがある子どもは，少し前から慣らしておくことも必要である。

（齋藤陽子）

評価

通知表の記入

● 1年間の努力と成長を伝えよう

3月は、進級や進学を控え、忙しくも活気のある時期である。成長した子どもが、身に付けた力を発揮し、自信を深めていく姿もたくさん見られる。1学期、2学期の通知表の内容や個別の指導目標を十分に踏まえ、一人一人の姿を評価し、記載していく。3学期に見られた活動や姿を中心に記載していくが、内容によっては、1年間を通してどう変容したのかが伝わるよう、発展的な視点をもちながら記載できるとよい。

●「通知表」は担任自身の自己評価

通知表は、子どもの努力と成長を評価するものである。同時に、通知表、あるいは通知表を作成する作業は、担任自身の自己評価の場でもある。「自分の指導は正しかったのか」「適切な支援はできたのか」「子どもは自分の指導をどう受け止めたのか」そこに思いをもち続けられる感性を大切にしたい。

● 努力と成長をみんなで共有

終業式や修了式の日に学級全員で集まり、一人一人の頑張りを紹介しながら通知表を手渡しするとよい。個別にもらってもうれしいが、仲間と互いの頑張りをたたえ合いながら通知表を手にする気分は格別である。仲間と学び、ともに成長する喜びを味わわせたい。

(小島徹)

個別の指導計画の見直し

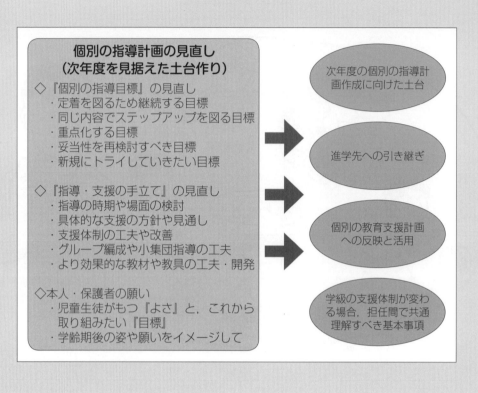

◉ 次年度を見据えた個別の指導計画の見直し

3学期の取組を通して修正した事項なども含め，次年度に向けた個別の指導計画の見直しを進めていく。進学をする子どもの個別の指導計画については，進学後の一貫した視点での指導や支援に生かせるよう，記載事項を十分に確認しておく。

◉ ベースは年度内に作成

次年度に改めて個別の指導計画を作成していくが，指導や支援の方針や重点とする取組等，作成のベースとなるものは，年度内に検討し，共通理解を図っておきたい。継続すべき指導目標，あるいは新たに挑戦させたい課題，改善すべき指導方法や支援の手立て等，全担任で検討し，次年度へ引き継いでいく。学校評価でも行ったが，集団編成の在り方や施設環境面の課題，教材や教具の工夫・改善等についても，方向性を出し合えるとよい。

◉ 本人の願い・保護者の願い

1年間の学校生活を振り返りながら，本人の思いや保護者の願い等を把握していきたい。春季休業中，家族でこれからのことを話題にしながら，本人の思いやこれからの願いに触れる機会が作れるよう働きかけていきたい。また，子どもの実態や発達段階によるが，可能であれば，子ども一人一人と面談する機会を設け，直接思いや願いを聞くことができるとよい。　　　（小島徹）

指導要録の記入

一人一人の頑張りと
成長の足跡を振り返りながら・・・

◉「指導に関する記録」の作成

　指導要録に記載する「指導に関する記録」の記入の仕方は，様式は各市区町村で異なるが，「学習等の記録」「行動の記録」「出欠の記録」「総合所見及び指導上参考となる諸事項」等の記載は，共通している。ただ，場合によっては特別支援学級用の様式がないこともあるので，記載に際しては，工夫や配慮が必要である。主に特別支援学級用の様式が，通知表と同じように記述式で記載をしていく場合が多い。

◉ 個別の指導計画や通知表を基にした記載

　紙面の制約もあり，「指導に関する記録」に記載できる内容は限られている。一人一人の子どもについて，重点を置いて指導した場面や，成長が顕著な場面，その子どもの特性が把握しやすい活動など，ポイントを押さえて記載したい。いずれにしても，記載する内容は，個別の指導計画や通知表を基にしたものであり，保護者との共通理解が図られていることが望ましい。

◉「指導要録抄本」の作成と送付

　卒業をし，進学をする子どもについては，指導要録の原本ではなく，「指導要録抄本」を作成し，進学先の学校に送付する。なお，実際の引き継ぎに際しては，「個別の教育支援計画」や「個別の指導計画」を有効に活用しながら進めていくことになる。

(小島徹)

保護者・関係機関との連携

卒業生を送る会

先輩！安心して卒業してください！

　卒業生を送る会は，卒業式前の3月の第1週や第2週に行っているところが多い。午前中に子ども主催の「送る会」を行い，午後は年度で最後の保護者会を行うなど，流れも各校様々である。学校によっては，在校生が会を企画・立案・運営し，卒業生は招待されたお返しに出し物を披露するという形が定着しているところもある。このような場合，前年の12月くらいから，在校生が集まって話し合いを始める。出し物に関しても，「一緒に○○のダンスを踊ってほしい」など，子どもから教師にリクエストが届いたりする。

　重要なことは，時期や内容について一定の枠組みを示し，子どもたち自身にこれまでの経験を生かしながら，仲間のために心を砕いてよい会にしようと主体的に会を運営させることである。

　卒業生がメッセージ交換の際，特定の子どもに手紙が集中したりせず，全員に心のこもったメッセージが届くように気を配ったりしている姿はその学級の伝統になっている。教師も保護者も，この日は招待客（あるいは出演者）として，子どもたちの作る学級の「送る会」に楽しく参加できる。

（土方恒徳）

関係諸機関との連携

××中学校　Aくん　引き継ぎ資料リスト			
資料名	引き継ぎ先	完了
個別の指導計画	保護者	3/10済
	○○特別支援学校	3/25予定
個別の教育支援計画	保護者	未
	○○特別支援学校	未
指導要録　　学籍　指導の記録	○○特別支援学校	
学校保健関係	○○特別支援学校	
連絡帳抜粋	○○特別支援学校	3/25予定

引き継ぎ資料はミスのないようにリスト化し、進捗状況もひと目で把握できるようにするとよい。

よりよい移行支援のために

　子どもが関わる関係諸機関とは，年度末に限らず，必要が生じた場合には年間を通して連携を行っている。年度終わりのこの時期には，1年間の成長を確認し，次年度の方針を考えるための連携を行うことが大切である。成長の様子を多面的に把握し，子どもの現在地点を的確に理解するためにも，学校外の諸機関との連携は極めて大切である。

　連携の際には，事前に必ず保護者の了承が必要である。また，医療については担任が病院に出向いて情報交換を行うこともある。その際，医者が割いてくれる時間は子どもに対する診療行為の時間であり，費用が発生することを忘れずに行いたい。カウンセリングやセラピーなどについても同じ事情が発生する可能性があるので注意する。

　また，放課後や休日のレクリエーション団体や運動教室など，子どもが楽しい時間を過ごす機関とも連携を取ることが大事である。楽しい活動の中で，子どもは学校で身に付けた力を大いに発揮して過ごしている。そこで見られた子どもの変容は，次年度の方針立案のためにとても重要な情報となる。

　最後に重要なのは，「連携の中で得た情報は必ず保護者に伝える」ということである。個別の指導計画や個別の教育支援計画に反映させるだけでなく，直接顔を合わせ，学校外での子どもの成長を喜び合うことは，次年度への何よりの準備になっていく。

（土方恒徳）

【執筆者一覧】

小島　久昌	東京都港区立青山小学校
福田　大治	岐阜県各務原市立川島小学校
三木　信子	東京都八王子市立第四小学校
菅　英勝	福島県郡山市立行徳小学校
高橋　浩平	東京都杉並区立杉並第四小学校
大原　太一	福島県郡山市立芳賀小学校
齋藤　道美	宮城県仙台市立第二中学校
小林　徹	郡山女子大学短期大学部幼児教育学科
米内山　康嵩	北海道江別市立大麻中学校
山田　明夏	北海道札幌市立中島中学校
田近　健太	北海道札幌市立平岸中学校のぞみ分校
岩瀬　敏郎	東京都狛江市立狛江第一中学校
小池　えり子	東京都大田区立矢口東小学校
堀口　潤一郎	宮城県立光明支援学校
塚田　倫子	東京都世田谷区立祖師谷小学校
磯田　登志子	埼玉県滑川町立宮前小学校
齋藤　陽子	神奈川県横浜市立上星川小学校
小島　徹	東京都八王子市立高倉小学校長
土方　恒徳	東京都調布市立調布中学校

【監修者紹介】
宮﨑　英憲（みやざき　ひでのり）
東洋大学参与

【編著者紹介】
山中ともえ　　東京都調布市立飛田給小学校長
川崎　勝久　　東京都新宿区立東戸山小学校長
喜多　好一　　東京都江東区立有明小学校長

はじめての〈特別支援学級〉学級経営12か月の仕事術

2017年4月初版第1刷刊	©監修者	宮　﨑　英　憲
2024年1月初版第10刷刊	編著者	山中ともえ・川崎勝久・喜多好一
	発行者	藤　原　光　政
	発行所	明治図書出版株式会社

http://www.meijitosho.co.jp
(企画)佐藤智恵　(校正)川崎満里菜
〒114-0023　東京都北区滝野川7-46-1
振替00160-5-151318　電話03(5907)6703
ご注文窓口　電話03(5907)6668

＊検印省略　　　　　　組版所　株式会社明昌堂

本書の無断コピーは，著作権・出版権にふれます。ご注意ください。

Printed in Japan　　　　　　ISBN978-4-18-159419-0
もれなくクーポンがもらえる！読者アンケートはこちらから　→

特別支援教育サポートBOOKS

感覚統合を活かして子どもを伸ばす！音楽療法

苦手に寄り添う楽しい音楽活動

2115・B5判・2060円＋税　土田　玲子監修　柿﨑　次子著

苦手さのある子の発達を支援する、楽しい音楽活動

障害のある子の中には触覚が過敏で人に触られただけで苦痛を感じる等感覚をうまく扱えない子もいます。音楽も感覚刺激。本書には感覚を調整し、子どもの発達を促す「感覚統合療法」「音楽療法」の考え方と活動事例を豊富に収録しました。アセスメントチェックリスト付。

特別支援教育サポートBOOKS

特別支援学級をはじめて担任する先生のための国語・算数授業づくり

指導計画が立てられる！

1927・B5判・2360円＋税　菅原　眞弓・廣瀬　由美子 編著

特別支援学級でどの子も学べる国語・算数の授業づくり

特別支援学級の指導計画づくりを、個々の子どもの実態把握→クラス全体の指導方針立案→年間指導計画づくり、という3ステップで紹介。モデルケースとして、知的障害と自閉症・情緒障害の特別支援学級における国語・算数の指導計画づくりから授業記録までを掲載した。

明治図書　携帯・スマートフォンからは **明治図書ONLINEへ**　書籍の検索、注文ができます。▶▶▶

http://www.meijitosho.co.jp　＊併記4桁の図書番号（英数字）でHP、携帯での検索・注文が簡単に行えます。

〒114-0023　東京都北区滝野川7-46-1　ご注文窓口　TEL 03-5907-6668　FAX 050-3156-2790

＊価格は全て本体価格表示です。